Julius Hart

Homo Sum! Ein neues Gedichtbuch

Nebst einer Einleitung: Die Lyrik der Zikunft

Julius Hart

Homo Sum! Ein neues Gedichtbuch
Nebst einer Einleitung: Die Lyrik der Zikunft

ISBN/EAN: 9783743495685

Hergestellt in Europa, USA, Kanada, Australien, Japan

Cover: Foto ©Andreas Hilbeck / pixelio.de

Manufactured and distributed by brebook publishing software (www.brebook.com)

Julius Hart

Homo Sum! Ein neues Gedichtbuch

Julius Bart.

HOMO SUM!

Ein neues Gedichtbuch.

Nebst einer Einleitung:

Die Lyrik der Zukunft.

Motto:
Denn ich bin ein Mensch gewesen
Und das heißt ein Kämpfer sein.
Goethe.

—

Ich bin ein Mensch und nichts
Menschliches ist mir fremd.

Großenhain und Leipzig.
Verlag von Baumert & Ronge.
(Heinrich Ronge).
1890.

Inhalts-Verzeichnis.

	Seite
Einleitung	V—XIX
Siegeshymne	1
Ueber Weltengräbern	5
Die heilige Elisabeth	7
Der tote Pharao	9
Champagnertropfen	13
Hymnus der Freude	15
Memento mori	17
Im November	18
Lebendige Poesie	19
Idyll	20
Angioletta	21
Erinnerung	23
Am Grab einer Schauspielerin	25
Rosenzeit.	
I. Rosen, Rosen, nichts als Rosen	26
II. Wandernd an den Weingeländen	28
III. Hinterm Wald auf goldnen Flügeln	29
IV. In den Rosen, in den Rosen	31
Epilog	33
Der Ahasver der Liebe	37
Die Rose fiel von meinem Haupt	45
Auf dunklen Geistesflügeln	46
Zu Gott	47
Auf der Fahrt nach Berlin	50
In der Einsamkeit	52
Nebeltag in Berlin	56
Am Morgen	61
Verzweiflung	62
Anna	64
Novembertage	68

	Seite
Begegnung	73
Die Luft war rot	74
Hört Ihr es nicht?	77
Geld!	79
Traumleben	83
Frühlingstraum	84
In der Osterzeit	85
Abschied	87
Du trüber Mond	89
Wohin, o Sonne	90
Nachtnebel	91
Zum Schluß	92
Nachtwache	93
In der Nacht	94
Zwei Tagebuchblätter.	
I. Nicht wehe den Gerichteten	96
II. . . . Unglücklich sein! .	96
An den Tod.	
I. Die Nacht fällt wie ein Leichentuch	98
II. Zerbrochener Schädel, morsch Gebein	100
III. Es geht ein seltsam Weben	101
Bruchstück	102
Der Trinker	104
Weihnacht	107
Berlin	111
Die Seligen.	
I. Selig preis ich die Liebenden	113
II. Selig seid ihr die Schaffenden	114
III. Selig, o du Barmherziger	115
Zur Sonne empor	117
Auf der Höhe	118

Druckfehler-Berichtigungen:

Seite 14, Vers 13 lies statt köstlischer — röstlicher.

„ 28, „ 13 „ „ schranken — schwanken.

„ 37, „ 21 „ „ schimmerden — schimmernde.

„ 61, „ 8 (2.Spalte) „ Schlangenwirrumlaubt — wirr und ganz bestaubt.

Seite 72, Vers 2 lies statt osternfroher ein — ein osternfroher.

„ 97, „ 5 „ „ Umnachtung — Verachtung.

„ 97, „ 7 „ „ Mißachtung — Umnachtung.

„ 98, „ 8 „ „ Freundschaft, Nutzen, Tugend, Laster — Freundschaft Nutzen, Tugend Laster!

Seite 110, Vers 5 lies statt Matten — Massen.

Einleitung.

Die Lyrik der Zukunft.

Einen Phantasten wird man mich schelten, daß ich mir an-
maße von der Zukunft einer Kunst zu reden, — um so mehr
einen Phantasten, wenn ich es nicht als Phantast thue, sondern
mehr als eine allgemeine poetische Schwärmerei von einem kommenden
Glückseligkeitszustande vortragen will. Eine ernsthafte, kritische Ab-
handlung also, welche nicht mit tönenden Worten und prunkenden
Bildern das Gefühl zu überreden und zu überrumpeln trachtet,
sondern überzeugen, vernünftig verstehen und einsehen lassen will, daß
die Entwickelung, von der in ihr gesprochen wird, als eine natürliche
und damit notwendige sich vollzieht. Gar zu phantastisch ist ein solches
Unternehmen doch vielleicht nicht. Wenn ich nur das Wesen der Poesie
richtig verstehe und all die Umstände, welche ihre Umgestaltung be-
stimmen und ihr inneres Leben beeinflussen. Ist doch auch das dichterische
Schaffen nicht ein rein willkürliches, steht doch auch der Dichtende als
ein Lebender unter der Herrschaft der Allgemeinheit und sein Gesang
ist ein Spiegel all der Bilder, welche seine Welt ihm bietet, ein frucht-
barer Boden, in dem die Empfindungs- und Gedankenkeime seiner
Zeit aufgegangen sind. Eine phantastische Unmöglichkeit ist es nicht,
auch in die Zukunft hinein ihre Dichter zu „construieren", wenn es
nur mit Maß und Bescheidenheit geschieht. Nicht allzufern darf
diese Zukunft sein, sondern wir müssen wissen, welch ein allgemeiner
Geist in ihr herrschen wird und wir können dies nur wissen, wenn
dessen Spuren unter uns bereits sichtbar sind, der rote Morgenschimmer, den
er in die Gegenwart vorauswirft. Und nur in großen Zügen läßt sich
ein solches Charakterbild entwerfen, nur davon sprechen, was der
Mehrheit der Künstler allgemeinsam sein wird. Das Einzel Persönliche
ist unerratbar, wie jenes Allgemeine in den tausend Strahlen ver-
schiedener Dichtergeister sich brechen wird, die Einwirkungen des Zeit-
geistes begrenzt und bestimmt werden durch das Besondere, was Jeder
nur für sich allein durchlebt, unberechenbar.

Eine eitle und thörichte Spielerei aber ist ein solcher Versuch,
die Eigenart und Neuheit des Kommenden nachzuweisen, um so weniger,
als jede neue Kunst, sobald sie auftritt, der heftigsten Gegnerschaft begegnet: weil man sie in ihrem Wesen nicht erkennt, weil das Unge-

Periode dem allgemeinen Zeitcharakter. Auf Befreiung und Freiheit des Einzelnen liefen alle Bestrebungen in Staat und Gesellschaft hinaus, dahin zielten die Revolutionen des bürgerlichen Liberalismus und sie führten zu dem Geniecultus, der Menschen- und der Selbstvergötterung der Romantiker, zu den Predigten von der Emancipation des Fleisches und den Rechten der Leidenschaft.

Das Vorwalten der Subjektivität war aber auch die Wurzel der Einseitigkeit in jener Kunst. Die großen Dichter der ersten Zeit, eben weil sie künstlerisch so groß sind, bewegen sich innerhalb der Schranken mit der größten Freiheit, und durchbrechen sie. Aber die Schranke verengert sich zusehends, wird fester und höher, mehr und mehr schließt sich das Ich vor der Außenwelt ab und zieht sich in sich zurück, das Gefühlsleben wird enger und kleiner, und wie von unseren heutigen Romanschriftstellern der Eine nur ägyptische, der andere nur Commerzienrathsromane aus Berlin W, schreibt, so rühren auch unsere Lyriker jeder für sich nur eine einzelne Empfindungssaite. Die Eintönigkeit und Einförmigkeit in Motiv und Ausdruck hebt bereits bei Heine an, außerordentlich aufs höchste in sich vollendet ist oft das Einzelne, aber ein Studium der Lenau, Eichendorff, Geibel, Heyse u. f. w. zeigt, daß diese eigentlich nicht fünfhundert und sechshundert Gedichte, sondern nur acht, zehn, und andere nur zwei Gedichte empfangen haben. In diese Gefahr kann eine objektive Kunst, deren Grundwesen die Verwandlungsfähigkeit und Versetzungsfähigkeit in jeden seelischen Zustand ist und welche sich immer von außen zu bereichern und dadurch das Innere fruchtbar zu machen bestrebt, so leicht nicht gelangen.

Keime der Zersetzung zeigen sich schon bald, als eben die Poesie ihre volle Kraft offenbart hatte. Goethe, der in seiner Farbenlehre selber an einer Stelle alle Nachahmung aufs schärfste verurteilt, weil sie uns Bildungsstufen überspringen lassen will, die unüberspringbar sind, hat dennoch laut Fanfare zur Uebergang des Eigenen an das Fremde geblasen. Nachdem aber einmal der Hellenismus in unsere Literatur Eingang gefunden hatte, sucht unsere durch das Fremde verlockte und verführte Dichtung bald verwirrt, ihrer Selbständigkeit verlustig, willkürlich in der Ferne immer neue Vorbilder auf, und dem Hellenismus folgt die Verehrung des Mittelalters und des spanischen Romanismus und zuletzt der Orientalismus auf dem Fuße nach. So viele Vorteile nun auch die allgemein geistige Bildung durch einen derartig auf das Universelle gerichteten Blick empfängt, eben so viel Nachteile liegen daneben. Und in der Kunst überwiegen sicherlich diese letzteren. Nicht im Einzelnen kann ich hier auf diesen schon so vielfach besprochenen Gegenstand eingehen, ich will nur auf die Ergebnisse hinweisen, zu welchen unsere in allen Irrgärten umhertaumelnde Dichtung gelangen mußte.

Unsere Hellenisten, unsere Verehrer des Mittelalters, all die Ueberzeugungen überhaupt, die zur Nachahmung führen, gehen von der festen Meinung aus, daß eine einzelne Kunst etwas absolut Voll-

kommenes ist. So hat man uns die griechische Dichtung als eine un-
übertreffliche angepriesen, eine kritiklose stumme Bewunderung unserer
mittelhochdeutschen Poesie anerziehen wollen. Die Kunst eines einzelnen
Volkes, wie ein einzelnes Kunstwerk kann aber nur höchstens ein in
sich Vollendetes sein, niemals ein absolut Vollendetes; der Birnbaum
trägt keine Rosen, und jede Kunst ist nach einer Seite hin beschränkt.
Unsere Empfindungen, Vorstellungen, unsere Gedanken, unsere Weltanschauung sind andere als die der Griechen, der Spanier im Calderonischen
Zeitalter, unserer Minnesänger und der Troubadours, und ringen daher
auch nach einem anderen künstlerischen Ausdruck, nach anderen Formen.
Dieses Eigenartige, Persönliche aber schätzt die Nachahmung gering,
läßt es verkrüppeln und giebt es auf, um, ohne Erfolg, die fremden
Vorzüge sich anzueignen. So ist entschieden die deutsche Literatur allen
anderen — mit Ausnahme der englischen — ihrem innersten Wesen
zufolge in der lebendig-charakteristischen einzelpersönlichen und natur-
wirklichen Darstellung des Menschen weit überlegen; mit dem Auftreten
des Hellenismus aber und der Nachahmung zeigt sich deutlich ein Nach-
lassen dieser Kraft, auch selbst bei den Goethe und Schiller, und wir
kommen zuletzt zu jener Verschwommenheit und Süßlichkeit der Charakteristik,
die heute bei uns allgemein herrscht und die wir, um ein schönes Wort
dafür zu haben, als Idealismus bezeichnen. In Wahrheit ist aber dieser
„Idealismus" in ästhetischer Auffassung des Wortes nur eine Folge
der bewunderungsvollen Verehrung und Nachahmung der griechischen
und romanischen Kunst, ein fremder Tropfen in unserem Blut.

Vielleicht ist es der ausgeprägte Subjektivismus der classisch-
romantischen Poesie, welcher das so rasche Aufkommen der Nachahmungs-
sucht besonders beförderte. Diese Dichtung sucht und giebt ihr Höchstes
in der Darstellung des Gefühlslebens, der reinen Empfindungen, wesentlich beschränkt sie sich auf dieses immerhin beengte Gebiet und führt
zu der kritischen Anschauung, daß alle Poesie überhaupt nur Darstellung
des Gefühlslebens sei. Darstellerin des Gefühllebens aber ist die Musik,
die Poesie gestaltet viel mehr den ganzen Menschen, sein gesammtes
geistiges Leben und ebenso alle äußeren Erscheinungen der Welt. Die
Skala der Empfindungen aber ist bald durchlaufen; das so außerordentlich reich entwickelte Genie Göthe's ließ bereits alle Lust- und Leidge-
fühle in seiner Dichtung ausströmen und kaum konnten ihn die Nach-
folger nach der einen oder anderen Richtung hin noch übertreffen.
Man trachtete daher schon bald nicht mehr nach innerer Kraft und Gewalt, sondern putzte das Alte neu auf, suchte durch äußere Kunst- und
Blendwerke zu wirken; man besang nicht mehr eine deutsche Marie,
sondern eine persische Suleicha, wie man ein Jahrhundert früher von
Daphnis und Chloe schwärmte, oder suchte durch ein besonderes
Raffinement der Form sich eine Stellung zu gründen.

Es entwickelt sich über Nacht eine „Atelierkunst", wie ich
es nennen möchte, eine Kunst für Künstler, welche dem Feinschmecker
ungewöhnlich Reizvolles bietet, ohne daß sie jedoch auch diesen wahrhaft

und he he he, was manchen Ohren so wunderschön klingt, wie ja auch
viele in höchstes Entzücken geraten, wenn sie den Bierwalzer mit Auf-
schlagen der Gläser und Deckelgeklapper aufführen hören. Der sicherste
Beweis für die volle Zerrüttung unserer Versform und unseres Form-
gefühls liegt in der Thatsache, daß man heute weithin in literarischen
Kreisen den Vers überhaupt für eine Form der Vergangenheit ansieht,
jede Versdichtung von vornherein mit Mißwollen als eine „unmoderne"
Schöpfung ansieht und nur noch die Prosa als für die Dichtung zu-
lässig ansieht.

Die Entwickelung unserer neueren Poesie zu einer „Atelierkunst"
wurde weiterhin dadurch bedingt, daß die Poesie bei ihrer Nachahmung
der hellenischen, mittelalterlich romanischen und orientalischen Vorbilder
sich naturgemäß dem Verständnis weiterer Schichten des Volkes ent-
fremden mußte; all die Vorstellungen und Anschauungen, die Bilder,
Gedanken und Gefühle, die sie in sich aufnahm, entlehnte sie den
Büchern, statt dem uns alle umbrausenden Leben, anstatt den Vorstellungen, Gedanken und Gefühlen, die der Mehrzahl in Folge des
Ganges unserer Bildung von Geschlecht zu Geschlecht gleichsam mit der
Muttermilch eingeflößt sind. Nur der Gelehrte, akademisch Gebildete
konnte sie sich aneignen und gewisse innere Beziehungen zu ihnen an-
knüpfen und eine gewisse seelische Vertrautheit finden. Die Bevölkerung
der Welt mit griechischen Göttern, mit Nymphen und Satyrn war ein
Einfall der Stubengelehrsamkeit, welche allzu arg in die Dichtung sich
eindrängend, diese dürr werden läßt; und nicht nur dem Volke waren
diese olympischen Gottheiten fremdartige Gesellen, auch für den Gebildeten war ein donnernder Juppiter nicht eine die Phantasie unmittel-
bar anregende und bewegende Erscheinung, sondern eine blasse Schul-
conventionalität, die in ihm nicht einmal einen Schauer aus der Kinder-
zeit her, wie der biblische Jehovah wachrufen konnte. Der Mummenschanz, den unsere neuzeitliche Vagantenpoesie betreibt, ist eine nicht
einmal neue Tanzfigur auf dem großen Maskenball, zu dem die
classisch-romantische Poesie so rasch geworden ist. Statt mit den Menschen
der Wirklichkeit, von unserer Zeit, von unserem Empfinden, wissen
unsere Lyriker nur mit Nixen, Elfen, Wassermännern, Sirenen umzu-
gehen, und statt von der unglücklichen Liebe, der Verzweiflung und der
Seelenschmerzen einer allen bekannten Maria oder Johanna zu singen,
singen sie vom Gram einer armen Sultanstochter, von der Liebe eines
Burgfräuleins oder eines wackeren Kreuzritters. Daß dieses, Spielen
mit mehr oder weniger reinen Phantasievorstellungen wenn es gar zu
ausschließlich betrieben wird, auch aesthetisch eine Kunst zerstören muß,
muß jeder Denkende, wie ich glaube, leicht einsehen. Vor allem, weil
das blos Phantastisch Ersonnene auf Kosten des Wirklichen sich vordrängt,
jenes doch nie so tief, wie dieses empfunden wird, so daß zuletzt der
Dichter weniger in das Innere der Seele einzudringen sucht und dafür
mehr auf die Darstellung des Aeußerlichen Gewicht legt. Das Bild
und das Allegorische verhüllt wie ein Schleier das Wirkliche, das Auf-

— XIII —

geputzte, das Costüm das Seelische, das Herkömmliche überwuchert das Eigenerlebte und Selbstempfundene und selbst die ursprünglich reich begabte Künstlernatur wird, auf falsche Wege 'geleitet, das Höchste, was sie sonst erreichen könnte, nicht erreichen. So, glaube ich, hat auch die ungewöhnliche dichterische Kraft, welche in unserem Volke in der classisch-romantischen Periode aufgespeichert war, uns nicht das gegeben, was man von ihr erwarten durfte.

Bei dieser Losgelöstheit von den lebendigen volkstümlichen Beziehungen mußte sich mit dem Emporkommen des Formalismus die Aesthetik des „l'art pour l'art" entwickeln, welche, richtig verstanden, ihre volle Berechtigung hat, aber erfahrungsgemäß Einseitigkeit hervorrief. Richtig ist es, daß der Zweck der Dichtung in ihrem Wesen liegt, daß ihr Endziel es nicht ist, die Menschen zu bessern und zu bekehren, wenigstens nicht mehr, als dies das Endziel unseres gesammten geistigen Wirkens ist; Wesen der Poesie ist die Gestaltung und, wenn man sagt, daß sie der Tendenz nicht dienen soll, mag diese nun moralischer oder humanitärer Art sein, welcher sie will, so heißt dieses, daß sie nicht glauben soll, mit dem Aussprechen der Tendenz genug getan zu haben. Ihr höchster Zweck liegt in der höchsten künstlerischen Gestaltung der Tendenz, und wird eine reine Gestaltung nicht erreicht, so ist das Kunstwerk verfehlt, mag es sonst von einem Kant oder Christus geschrieben sein. Die Aesthetik des Satzes „die Kunst um der Kunst willen" verirrt sich aber leicht in den Irrtum, daß sie die Bedeutung des Geistigen und des Stofflichen für das dichterische Werk ganz unterschätzt und das höchste erreicht sieht, wenn das Werk nur in sich künstlerisch vollendet ist. So ist ihr ein vollendet gemaltes Brett, ein vollendet gemalter Misthaufen ein ebenso bedeutendes Kunstwerk wie etwa ein Phidias'scher Zeus, eine Tizian'sche Venus. Beruht diese Anschauung nun schon rein aesthetisch auf einem Irrtum, noch klarer ist es, daß die große Menge, die überhaupt ein Kunstwerk mehr stofflich, als künstlerisch aufzufassen versteht, alle Beziehung zu einer Kunst verliert, die fast nur formale Vorzüge aufweist, wie sie allein der Künstler zu würdigen weiß. Auch diese Aesthetik führt zu innerer Erstarrung, zur Ausdorrung des Empfindens und Gedankenlebens und damit zuletzt auch zur völligen Verwilderung des Technischen und Formellen.

Hand in Hand geht damit eine ganz merkwürdige Gymnasial-lehreraesthetik, die auf der Prima gelehrt wird und in den Köpfen unserer Kritiker und der gebildeten Laien die größte Verwirrung angestiftet hat, und auch von den Dichtern selber auf Treu und Glauben hin angenommen wurde. Darnach ist die Kunst Darstellung des Schönen. Freilich haben sich alle Aesthetiker vergebens abgemüht, uns einen festen Begriff von diesem Worte „Schön" zu geben, die Allgemeinheit kümmert sich auch gar nicht um ihre dunklen Auseinandersetzungen, und Publikum und Alltagskritik nehmen das Wort eben ganz in seiner volkstümlichen Bedeutung, ohne zu bedenken, daß die Empfindung des Schönen ein

völlig subjektives ist, so daß, was ich für schön erachte, mein Nachbar
mit demselben Rechte als häßlich bezeichnen kann. Sie führte zu der
Anschauung, der Geibel in den obenangeführten Versen Ausdruck gegeben hat, und ich habe schon gesagt, daß diese als das Ergebnis eines
verweichlichten und verweibischten Geschmackes angesehen werden muß,
wie sie theoretisch auf unhaltbaren Voraussetzungen beruht. Das Schöne
wie das Häßliche umschließen Kreise, die außerhalb derer der Kunst
liegen; überhaupt ist eine Empfindung an und für sich nichts Dichterisches,
sondern wird erst durch die Gestaltung zu einem ihrer Elemente. Nur
das und alles das vom Menschengeist durch das Mittel der Sprache
Gestaltete ist Poesie. Das reine ausschließliche Kunstwerk wird wesentlich durch das „Wie" der Gestaltung bestimmt, es muß aber dem
Künstler überlassen bleiben, das „was" sich selber auszusuchen, und in
vieler Hinsicht ist es ihm nicht einmal möglich, willkürlich zu wählen,
und auszusuchen. Stoff und Vorstellungen drängen sich ihm mit
elementarer Gewalt auf und es wird eine Art Notwendigkeit für ihn,
sich ihrer zu entledigen und sich von ihnen zu befreien. Er fragt gar
nicht nach den Wirkungen, und ob das, was er gestaltet, schön oder
häßlich ist, schön oder häßlich wirkt, ebenso wenig wie die Natur darnach fragt. Unsere Aesthetik und Kunstkritik wird niemals sicheren
Boden unter ihren Füßen gewinnen, so lange sie an dem Wahne fest-
hält, dem Schaffenden seine Stoffe, Gedanken und Empfindungen vor-
schreiben, das Gebiet ihm einschränken zu können. Und ist sie denn
nicht einmal durch die Geschichte belehrt worden? Eine einzige Kunst-
periode nenne man uns, nenne einen einzigen unserer größten und
großen Dichter, gegen den nicht im Anfang der Vorwurf der Cultus der
Häßlichkeit erhoben wurde. Was uns heute nach dem strengsten Canon
der Schönheit gebaut zu sein scheint, ist früher sicher einmal als Kunst
des Häßlichen aufs ärgste verketzert worden. Und ohne Frage auch
haben die Gegner einen Mozart'schen Don Juan z. B., der für uns das
höchste an Wohllaut birgt, tatsächlich als etwas Häßliches empfunden.
Zumeist aber ist es nur die Ungewohntheit des Neuen, welches die in
die Vorstellungen des Alten hineingelebten Pein empfinden läßt. Gut,
haben darauf Karl Frenzel und viele andere Kritiker geantwortet;
„nur wird man uns gestatten müssen, dieser Kunst die uns häßliche
Bilder vor die Augen stellt, aus dem Wege zu gehen, ebenso gut wie
wir im Leben Irrsinnigen und Trunkenbolden ausweichen." Ohne
Frage kann man dieses persönliche Recht Niemandem verweigern.
Aber nur soll der „Niemand" nicht sagen, daß er mit diesem Urteil
mehr als eine ganz subjektiv-laienhafte Aeußerung tut, nur nicht sagen,
daß er damit eine aesthetische Kritik ausübt, nur soll er
nicht sagen, daß in der Tat das Kunstwerk häßlich ist, weil es
ihm häßlich erscheint. Geben wir einem rohen und geistig stumpfen
Menschen die herrlichste Goethe'sche Dichtung in die Hand, so wird er
sie sehr bald gelangweilt aus der Hand lege". Gewiß, hat der
Mann sein volles Recht dazu, aber ist darum tatsächlich das Werk ein

— XV —

langweiliges?! Eine Aesthetik und Kritik, welche als letzte Entscheidung nur ihr persönliches Wohl- oder Mißbehagen ausruft, statt sich objektiv in die Dichtung hineinzuleben, nur wünscht, ihrem Ich geschmeichelt zu sehen, diese heute so weit verbreitete Kritik ist nichts als ein großer Irrtum. Diese Aesthetik kann niemals eine Wissenschaft werden, ebenso wenig wie die Astronomie, die Naturkunde, so lange sie an der geocentrischen und anthropocentrischen Täuschung festhielten; wie diese alles vom Wohl und Weh des Menschen abhängig machten, so will jene Kunstwerk und Künstler vom Leser abhängig machen, und in dessen Knechtschaft hineinführen. Der Nebel der Subjektivität wird aber jede reine Erkenntnis verhindern.

Ich habe die Atelierkunst unseres Jahrhunderts angegriffen, die Abwendung der Künstler von dem weiten und großen Volksleben und den Ideen der Zeit, sowie ihr zu einseitiges Versinken in das Ich beklagt; ich habe bedauert, daß sie nur zu sehr und nichts als Künstler sein wollten, welche durch eine einseitige Auffassung des „l'art pour l'art" doch nur zum Formalismus getrieben wurden. Und ist nicht schon vor Jahrzehnten in unserer Literatur das Erkenntnis dieses Uebels zum Durchbruch gekommen? Brachten nicht schon die dreißiger Jahre die Gegenströmung hervor, welche den Vers zum Teufel jagt und die Prosa jubelnd auf den Thron setzt, allen Mummenschanz verspottet und uns mitten in den Lärm unserer Tage hineinführt, die Aesthetik des „Wie" durch die Aesthetik des „Was" verdrängt, und die Tendenz als das wahre Lebenselixir anpreist? So wäre ich denn ein Zögling des „Jungen Deutschlands"? Um alles in der Welt nicht! Nein, ich glaube, diese Schule hat unsere Poesie vielleicht noch mehr, als jene, in den Verfall hineingetrieben und ganz gewiß unseren Geschmack und unser allgemeines Kunstverständnis völlig zerrüttet und verdorben. Mit ihr drang der Geist des Schriftstellertums in unsere Literatur ein, der Geist des Halbdichtertums, der sich poetischer Form bedient, aber sie nicht mit wahrhaft künstlerischem, gestaltenden Geist durchdringen kann, der sich unfähig zeigt, wirkliches Leben und reiche Natur vor uns hinzustellen, die Phantasie durch den Verstand vernichtet, den Humor durch den Witz ersetzt und eine große allgemeine platte Nüchternheit und deklamatorische Phrase großzieht. In ihrem Schatten blühte die Kritik heran, welche gar nicht mehr ein Kunstwerk als Kunstwerk anzusehen vermag, sondern den Künstler als Parteimenschen allein vom Parteistandpunkt aus auffaßt, in einer Dichtung eine Broschüre sieht für oder wider den christlichen Glauben, für oder wider die Regierung, und um der Meinungen willen entweder sie tief zu den Unterirdischen verdammt oder zu den Unsterblichen emporhebt. Da nennt man die Dichtung eine verruchte, weil sie von pessimistischer Anschauung durchtränkt ist oder eine gehirnerweichte, weil sie von einer moralischen Weltordnung und von Gottesidealen schwärmt. Nur im rein Stofflichen bietet das junge Deutschland Neues — unterschätzen soll man es gewiß nicht, — aber im Künstlerischen geht es durchaus

— XVI —

die Pfade des Alten und verwässert das Ueberkommene. Man unter-
suche charakteristische Schöpfungen dieser Schule, wie Gutzkow's „Uriel
Acosta" oder gar die Dramen Laubes, Herwegh's Gedichte auf ihren
reinen aesthetischen Wert, so kommt man bald zu der Erkenntnis,
daß ein ganz ausgesaugtes Schillertum der Boden ist, in dem sie ihre
Wurzeln geschlagen haben. Keime einer künstlerischen Anschauung
und Auffassung aber, die sich von den die Dichter der Classik und
Romantik beherrschenden Anschauungen wesentlich unterscheiden, Ver-
änderung und Fortbildung erzeugen, vermißt man durchaus; das Verständnis vom eigentlichen Wesen der Poesie, die Erkenntnis, daß sie
nicht schlechthin Ausdruck des Geisteslebens ist, sondern eine Gestaltung
dessen, daß die Poesie uns wie die Natur körperlich-Lebendiges hin-
stellt, ist dem Jungen Deutschland abhanden gekommen, und es erzeugte
daher die Kunst des poetisirenden Leitartikels. Es führte daher auch
von Neuem die Herrschaft des Franzosentums in unsere Literatur ein,
und jenes Sittendrama, bei dem wir immer nur fragen, was will der
Dichter verteidigen oder angreifen, aber nicht, wie hat er den Gedanken künstlerisch gestaltet.

*   *   *

Die Erkenntnis, daß die Dichtung heute im deutschen Volke
kein rechtes Gehör mehr findet, nur noch für die Stunden der Unterhaltung, blos als ein Genußmittel aufgesucht wird, nicht aber als
eine gewaltige Aeußerung des menschlichen Geistes, eine Kraft, ohne
welche die Menschheit sich niemals aus dem Thierzustande entwickelt
haben würde, als eine Löserin unserer Gefühle, eine Verdopplerin
unseres Lebens, als eine Macht, die unser ganzes Innere befreit,
ändert, erhöht: ihr verschließen sich heute nur die Wenigsten. Gehen
wir aber weiter zu der Erkenntnis vor, daß die deutsche Dichtung selber
in ihrer letzten Entwickelung die Fähigkeit verloren hat, mehr als
Unterhaltung und leichten Genuß zu bieten und daher selber die
Geringschätzung, wie man sie ihr entgegenbringt, verschuldete! Was
kann uns in dieser Lage Heilung und Rettung bringen? Zunächst
nichts als eine innere ideale Erhebung der Schaffenden selber! Unsere
Dichter selber müssen sich von neuem großen Geiste entflammen lassen,
wiederum eine reine Begeisterung für ihre Kunst nähren, und aufhören, die Literatur für nichts als ein Geschäft und Gewerbe anzusehen.
Schreibt lieber nichts, als daß ihr ohne inneres Bedürfnis, ohne Ein-
gebung schreibt! Eine Kunst, die nicht diesem Worte folgt, erzeugt nur
Totes. „Dann müßten wir hungern," ist mir immer wieder darauf
begegnet worden. Nun, dann hungert! Wenn unsere öffentlichen Zu-
stände so beschaffen sind — und ich weiß, sie sind es zum Teil, —
wenn dieses deutsche Volk so stumpf und roh sein Geistiges verkommen
läßt, — dann ist Hungern eure Pflicht ebenso sehr, wie ihr von euren
Soldaten den Tod für das Vaterland fordert. Euer Höchstes ist, rein

— XVII —

die Würde der Kunst zu wahren! Und zum Schluß, wenn Ihr nur
selber groß fühlt und denkt, wenn Ihr nur selber nichts als das Große
wollt, sie, die Kleinen, die Alltagshunde, die heute gegen euch heran-
bellen, sie mögen sich sperren und maulen, .. es ist Nichts, ihr geht
siegreich über ihre Köpfe dahin, und weckt wiederum das Große, das
in der Brust so Vieler nur eingeschlummert liegt.

Sollten wir wirklich nicht wissen, worin die Größe eines Kunstwerkes liegt? Sollten wir dem Aesthetiker Wilhelm Scherer glauben,
daß allein die Zeit uns über den Wert einer Dichtung Aufklärung ver-
schaffen kann? Wir müssen uns nur von der einseitigen Auffassung
der Atelierpoesie ebenso frei machen, wie von den halbwahren Anschauungen, welche durch das Junge Deutschland und die Verteidiger
der Tendenzkunst bei uns eingedrungen sind. Das „Wie" der Gestaltung und das „Was" des Gestalteten, wir dürfen es nicht von ein-
ander lösen, nicht das Eine um des Anderen willen völlig verachten
und geringschätzen. Das dichterische Werk ist ein festgefügter, in
sich beruhender Organismus, in dem sich das Menschliche und das
Künstlerische harmonisch und untrennbar durchdringen, und das Was
auch zu einem Wie sich gestaltet und umgekehrt. Die Größe eines
Kunstwerkes beruht in der Tiefe ebenso wie in der Weite; in der
Stärke und Kraft, in der unmittelbaren Wahrheit des Empfindungs-
ausdruks wie in der Mannigfachheit und Vielfältigkeit der Empfindungen;
der Künstler, welcher die ganze Skala der Gefühle von der herbsten
Tragik bis zur heitersten Freude beherrscht und sie alle mit gleicher
Naturgewalt zum Ausdruck bringt, steht höher, als ein Anderer, welcher
nur ein oder zwei Empfindungen verlebendigt, und die vollkomm.ne
Darstellung einer Faustnatur ist ein künstlerisch unendlich höher ge-
lungenes Werk, als die in sich vollendete Darstellung, sagen wir etwa
eines neuzeitlichen Backfisches, da ein viel mannigsacheres stärkeres
und höheres Gedanken- und Gefühlsleben dort als hier zum Austrag
kommt. Wie es mit den Empfindungen ist, so auch mit den Gedanken, den Weltbildern und Vorstellungen, den Charakteren; immer
entscheidet die Tiefe und die Fülle. Das Stoffliche, das was der
Dichter zu gestalten unternimmt, ist ebenso wenig gleichgültig, wie das wie
er es gestaltet, wie er das Stoffliche und die Idee durcharbeitet, ob und wie
er in ihre Tiefen eindringt und alles heranholt, was in ihnen steckt.

Wir stehen im Beginn einer neuen und eigengearteten Dichtung,
die wir mit einem kurzen Worte eine „realistische Dichtung" nennen,
obwohl wir uns bewußt sind, daß das Wort mit der Sache sich nicht
völlig deckt und in seiner Art ebenso zufällig ist, wie das Schlagwort
„romantische Poesie". Wir verlangen von ihr, daß sie eine Gestaltung
des Empfindens und Denkens unserer Zeit darbietet, und eine Ver-
körperung der neuen Weltanschauung, wie sie auf den geistigen, poli-
tischen und sozialen Erwerbungen dieses Jahrhunderts sich gründet.
Wir denken und empfinden anders, mit anderen Augen sehen wir die
Welt an, als die Dichter des Christentums, die Dichter der classischen

— XVIII —

und romantischen Periode. Aus diesem Anders-Sehen, -Fühlen und
-Denken erwächst die geistige und künstlerische Eigenart und Neuheit
der realistischen Poesie. Ihre Vorbilder kann sie daher auch nicht in
der Dichtung der Vergangenheit suchen, nicht, wie es das Epigonentum
tut, nachahmend immer wieder Goethe'sche und Schiller'sche Ideale
schaffen, sondern aus sich heraus ihre Ideale erzeugen. Sie kann sich
nicht am Studium der älteren Kunstwerke genügen lassen, sondern muß
zur Natur selber zurückkehren, und mit eigenen Augen deren Erscheinungen aufnehmen, statt in der bereits subjektiv gefärbten Wieder-
gabe einer Kunst, die in ihrem Sehen und Empfinden von einem anderen Geist beeinflußt wurde. Die Wirklichkeitswelt der Kunst
ist aber nicht schlechthin die der Natur, sondern com-
ponirt aus der der Natur und der inneren des Dichters,
„ein Stück Natur, unter dem Gesichtswinkel eines Temperaments angesehen", wie Zola sich ausdrückt. Die Größe des Ichs, sowie die Fülle
und Schärfe der Naturbilder, welche das Kunstwerk offenbart, macht
dessen Bedeutung heute wie zu allen Zeiten aus.

Der auffälligste Unterschied zwischen der Kunst des zeitgenössischen
Realismus und der der Romantik besteht darin, daß jene viel lebendiger und deutlicher, als diese, ihr Augenmerk auf das Objekt, die Erscheinung der Natur richtet und jene unendliche Fülle von Einzelzügen
und Einzelzeichen wenigstens einigermaßen annähernd wiederzugeben
sucht, welche die Wirklichkeit bietet. Ueber das Typische hinaus dringt
sie in das Einzelpersönliche vor, und sie seciert die Landschaft, sie seciert
die Seele des Menschen. Damit erreicht sie eine höhere Stufe, als die
Kunst der Vergangenheit, aber nur dann, wenn sie sich daneben die
Größe des Geistes, die Fülle und Umfassendheit der Composition, und
der Weltbilder nicht nehmen läßt, durch welche die Kunst unserer
Classiker sich auszeichnet. Sonst würde die realistische Kunst nur die
formalistischen und technischen Geschicklichkeiten der Atelierkunst in ihrer
Art weiter ausbilden und nichts als bunte Seifenblasen formen, wie
ein müssiges Kind, welches nichts weiß und kennt von dem großen
Geistessturm, welcher durch unsere Zeit und unsere Welt dahingeht.
Von diesem mächtigen Athem ließe sie nur einen schwachen Hauch verspüren.

Ist es aber nicht gerade die Objektivität des Realismus, welche
die Lyrik für die Zukunft zum Schweigen verurteilen wird?

Unsere Zeit, schrieb ungefähr vor einiger Zeit Ludwig Fulda,
und seine Anschauung gehört zu den weiter verbreiteten, kennt
nicht jene Versenkung in das eigene Ich, nicht die Vorherrschaft des
Empfindens und des Gefühls, welche das geistige Wesen der Zeit der
Romantik ausmachen. Sie widerstrebt daher der Lyrik, die ausschließlich
im Gefühle und im Ich wurzelt, deren Wesen die Empfindungsdar-
stellung ist. Darum kann die Lyrik heut keine Wirkung ausüben und
ihre Schöpfungen müssen Todtgeburten sein. Gegen diese Behauptung
habe ich nur das Eine einzuwenden, daß die zweite Voraussetzung eine
irrige ist, weil sie auf einer einseitigen Anschauung vom Wesen der

— XIX —

Lyrik beruht. Lyrische Lyrik, wie Eduard von Hartmann sich ausdrückt. vorwiegend Gefühls- und Stimmungslyrik ist allerdings die unserer Classik und Romantik gewesen, aber die Lyrik an und für sich kann in diese Grenzen durchaus nicht eingeschlossen werden. Sie ist der Darstellung aller Weltbilder, aller Phantasieerlebnisse und aller Ideen ebenso fähig, wie Epik und Dramatik, ebenso wie diese kann sie uns die Darstellung von Charakteren und Handlungen bieten. Auch sie kann sich zu reinster und deutlichster Objektivität erheben.

Wohl, der Geist unserer Zeit trachtet, sich aus den Fesseln des Subjektivismus, eines einseitigen Individualismus loszulösen, wir alle legen plötzlich so großen Nachdruck auf das Sehen und Beobachten, und sind geneigt das Fühlen, das intuitive Empfinden geringer zu schätzen, stellen die Naturwissenschaft über die philosophische Spekulation; auch das ist, wie die Kunst des Realismus, Ausfluß eines auf das Objektive gerichteten Geistes, der die Welt nicht durch sein Ich anschauen und nach seinem Ich einrichten will, sondern die Erkenntnis der Welt aus der Betrachtung des außerhalb unseres Ichs Liegenden herzuleiten sucht. Ebenso gehen die socialistischen Ideale unserer Zeit darauf hinaus, daß der Einzelne es lernt mit der Allgemeinheit zu leben, und die überschäumende egoistische Daseinslust um das Wohl Aller willen zurückzudrängen. Die neue Zeit ist daher kein Nährboden mehr für die romantische Stimmungslyrik, und das eigentliche Lied, welches sich gern mit der Musik verschwistert; auch hat die Vergangenheit gerade hier so Glänzendes und Hervorragendes von ewiger Dauer hervorgebracht, daß der Lyriker von heute nicht viel mehr als nachdichten und nachahmen kann. Der Stimmungslyrik stelle man aber die Charakter- und Handlungslyrik entgegen, eine Lyrik, welche aus dem Wesen unserer Zeit entspringt, wie jene Stimmungslyrik aus dem der romantischen Periode, suchen wir nach der neuen Sprache für den neuen Geist, und nur dann können wir Anspruch darauf erheben, daß uns die Gegenwart ihr Ohr leiht. Die neue Lyrik wird den besonderen Geist unserer Zeit darstellen, die Ideen und Empfindungen zum Ausdruck bringen, charakteristisch für dieses Geschlecht, das in Folge so vielfacher neuer Erkenntnisse in seinem Geistes- und Seelenleben anders geworden ist, als das Geschlecht der classisch-romantischen Periode. Sie bildet sich neue Menschenideale und sucht neue Stoffe, in der Geschichte oder im Alltagsleben, in welchen die neuen Gefühle und neuen Gedanken am deutlichsten und bedeutsamsten verkörpert werden können. Dieses Stoffliche aber macht nicht allein das Wesen der „Lyrik der Zukunft" aus; nicht minder wichtig ist das Neue in der Darstellung selbst und im künstlerischen Ausdruck. Der echte Dichter wird solchen von selbst finden und erzeugen.

Die Rückkehr zur Natur und zur Erscheinung selber muß ihr wieder die Unmittelbarkeit und Wahrheit bringen, die volle Stärke und Gewalt der Empfindung, wie sie die Wirklichkeit verspürt. Sie sucht daher nicht mit der Geibel'schen Schule und im Sinne der hellenisierten Classik die Abgetöntheit und den verschönten Schein, nicht den Wohl-

— XX —

laut und die runde Schönheit der Sprache, sondern den charakteristischen Ausdruck, der die Art der Rede dem Inhalt anpaßt. Klingt deshalb ihr Wort dann und wann barbarisch an das durch die Süßlichkeitssprache verwöhnte Ohr, so wird doch das höhere aesthetische Empfinden gern die äußere Schönheit um der inneren willen in den Kauf geben. Sie befreit sich von der Lust am Masken- und bloßen Phantasiespiel und erfreut sich an dem Menschen und an der Natur, wie sie die Wirklichkeit zeigt, unverhüllt vom romantischen Märchen- und Zauberglanz.

Das Wesen ihrer Objektivität steht im Gegensatz zu dem Subjektivismus der hinter uns liegenden Poesie. Die Lyrik wird deshalb auch aus der fremden Seele heraus denken, fühlen und reden lernen und nicht immer das Ich zu Worte kommen lassen. Sie wird das Landschaftliche in ganz anderer Deutlichkeit uns malen, das Einzelbild statt eines typischen hinstellen, die Empfindungen schärfer begründen, ihre Ursachen darlegen und die Gefühle selber feiner zerlegen. In dieser Kunst hat Goethe zum Teil Großes geleistet, als ein dichterisches Genie, das über die Kunst seiner Zeit hinauswächst, aber wenig offenbart sich die Kraft in der übrigen deutschen Poesie, die wesentlich nur stimmungsvoll das reine Empfinden wiedergiebt. Vorwiegend ist aber auch die Goethesche Sprache Gefühlssprache und ihr Wesen musikalischer Natur; demgegenüber wird die Lyrik des Realismus reichere Elemente der Phantasieanschauung verarbeiten und einen mehr malerischen und plastischen Charakter annehmen, das Bildliche, das bei Goethe zurücktritt, mächtiger in den Vordergrund stellen. Innere Formwandlungen vollziehen sich, die dem Kenner nicht verborgen bleiben können.

Glücklicher Weise darf man vielleicht sagen, ist unsere Lyrik noch frei vom Einfluß des Auslandes geblieben; der Roman und das Drama des Realismus sind vielfach in zu große Abhängigkeit von den Dichtungen der Zola, Jbsen und Tolstoi geraten; um so mehr soll der deutsche Realismus in der Lyrik seine Eigenart und besondere Kraft zeigen, beweisen, daß er selbständig entstanden und nicht blos aus der Nachahmung des Fremden hervorgegangen ist.

Siegeshymne.

Sturmgeist! Vater und Fürst der Donner!
Zur Nachtzeit schritt ich durch die Straßen der Stadt,
Und hörte den Ruf deiner Stimme,
Schrecklich schallte dein Wort in mein Ohr!

Über zerrissenen Wolken, die gejagt
Schwarz und dunstig durcheinanderfluten,
Wie auf durchwühltem Meer berstende Schiffe
Mit flatternden Segeln zusammentaumeln,
Liegst du atmend.
Matten Glanzes umglüht gelbfahler Dunst
Schwelend dein dräuendes Löwenhaupt,
Rauch steigt dumpf aus deinem Munde
Und mit kraftvollem Arm schleuderst die Blitze du,
Flammend durch düstere Nacht, wie blanke Schwerter,
Wuchtgeworfene sausende Speere,
Gegen des Erdgrunds dröhnenden Schild.

Gleich einer Schlacht tobt es in den Lüften,
Gleich einer Schlacht rast es in den Gassen.

Ueber die Wasser wälzt sich heran dein Heer,
Wirft auf die Wellen, steigt heran die Ufer,
Wehenden Haupthaars, mit triefendem Leibe.
Deine Wagen sausen mit erz'nen Rädern
Dumpfhallend über mich hin,
Deine Reitergeschwader stürmen jauchzend
Auf Wolken über die Zinnen der Stadt.

Der Winde klagendes Seufzen erstickt,
Ihr Wehklagen verhallt
Im Donnerklang deiner Posaunen
Im rauhen Schrei deiner Drommeten.
Vor deinem Atem beugen sich tief die Wipfel
Ragender Bäume, wie Sklaven den Nacken
Tief beugen in den Sand, wenn heranfährt
Mit acht dunklen goldgeschirrten Rossen
Zornglühend der Herr!

Ich stand, gehüllt im Mantel, am Siegesplatz,
Und bot mein Antlitz, Vater der Donner du,
Dem rauhen Gruß deiner Herrlichkeit,
Suchte dein feuerstrahlendes Auge
Durch den Dampf und den Nebel der Wolkenflut.

Schlankschaftig stieg, eine Palme aus Stein gezeugt,
Hoch in die wallende Luft die Siegessäule,
Rings umschmiedet von drei Reihen schlachtgewohnter
Blutkundiger Kanonenrohre.
Blitze umfuhren das Haupt der Siegesgöttin,
Küßten die strahlende Stirn mit Feuerlippen,
Und aufflammend im bläulichfahlen Schein
Sprühte das goldne Bild durchs Dunkel der Nacht
Rings eine Flut glühenden Lichts.

Deutschland, mein Deutschland!

Donnernde Wolken liegen über dir,
Wetter hangen über deinem Haupte,
Stürme umwogen deine Stirn.

Ueber die Wolken, über die Wasser
Schreitet der Gott der Donner!
Grüßt deine Seele mit Sturmesatem,
Mit dir, mit dir ist der Gott der Donner!

Deutschland, du selbst!
Aufstandest du im Rate der Völker
Einem Gewitter gleich! Denn schlagen
Wollten sie dich in Eisenfesseln,
Dir vom Mutterbusen die Kinder rauben,
Zornglühend hobst du dein Antlitz da,
Und die Ketten rissen wie schwaches Gewebe,

Deine Flammen fraßen die trotzigen Städte,
Düster im blutwallenden Schlachtenmantel
Setztest du kühn den erzumschienten Fuß
Auf der Hasser gebogenen Nacken!

Deutschland, mein Deutschland!
Strahlend im hellen Goldglanz deiner Siege,
Neuerstanden in Einigkeit, junge Kaiserin du,
Dich grüßt meines Liedes Donnerton! . . .

Zur Nachtzeit schritt ich durch die Straßen der Stadt,
Doch die Nacht entwich, und ferne vergrollt
Des drohenden Himmels dumpfe Stimme.
Weit hinter den Zinnen der Stadt leuchtet nur noch
Weißlich auf die bebende Wolkenfluth,
Einschliefen die Stürme, die Wetter entwichen, —
Vorbei, vorüber die Nacht!

Sei gegrüßt, jungblühender Tag,
Funkelnder Morgen, sei gegrüßt,
Holdes Licht, ströme du nieder auf meine Augen.

Rosigglühend, du junge Magd,
Steigst du empor vom flockigen Wolkenpfühl,
Durch die feuerstrahlenden Himmelsthore
Kommst du hernieder auf flammender Straße.

Leuchtend weben sich goldene Schleier
Um der Stadt hochragende Thürme,
Funkelnde Blüten sprießen empor
In der Bäume schauerndem Wipfel,
Wie im Haarschmuck einer Fürstin
Goldgefaßte glänzende Steine prangen.

Ueber die Wasser auf weichen Sohlen
Wallen die kühlen Morgenwinde,
Und es küßt, in heimlicher Glut erzitternd,
Ihrer Gewande Saum die sanfte Welle.

Verstummt die Donner!
Doch im Gebüsche, horch,
Flötet süß mit melodischer Kehle,
Streut ihres Liedes duftige Rosenblüten
Jubelnd die Drossel hinaus in den Morgen.

1*

Deutschland, mein Deutschland!
Verstummt die Donner,
Und wieder erblühen im Sonnenlichte,
Sanft getränkt von wellenspielenden Bächen,
Schöner als je die gesegneten Auen
Mit goldwogenden Weizenfeldern
Und fruchtschweren, duftenden Apfelbäumen
Oder im dunklen Laub kraftstrotzenden Eichen.

Nicht mehr im Donner schreitest du drohend
Ueber Europas weite Lande,
Mild ausbreitest du schützend die Arme
Gleich einer Mutter um all deine Kinder.
Eine Thräne flutet in deinem Auge,
Und niederbengst du das schöne Haupt
Ueber die mühsalleidenden Armen,
Die von der Nacht des Elends Bedeckten.

Auseinander wallt deiner Zukunft Dunkel!
Wandeln schau ich dich hellen Auges,
Licht umflossen von weißen Schleiern,
Dir zu Häupten der Morgenstern,
Mutter des Wissens, Fürstin der Künste!

Horch, deinem Munde entströmt
Stolz ein hohes Lied, eine neue Weise,
Dem aufhorchend in stummer Andacht,
Thränen im Auge, lauschen sollen
Alle Völker des weiten Erdballs.

Ueber Weltengräbern.

Ueber Weltengräbern wandelt mein zögernder Fuß,
Zerbrochene Städte bieten mir alter Zeiten Gruß,
Es klingt aus dunklen Grüften als rasselten Schild und Speer,
Aus stöhnender Erde das Blut strömt und dringen Todes-
    seufzer schwer.

Rot flattern viel tausend Fahnen, die Sonne leuchtend flammt
Auf Panzer und Lederkoller, auf Bärenfelle und Sammt,
Über Asien und Europa in wallendem Strome ziehn
Könige und Helden — vielblasse Leiber müd dahin.

Du brauner König, dein Auge ist längsterloschener Brand,
Schlaff hält des Rosses Zügel die sehnenlose Hand,
Was half dir nun dein einz'ger Schmuck, dein trotzig Schwert,
O Cyrus, deine Reiche, wie liegen sie nun ganz verheert.

Sonst jung wie ein leuchtender Maien, schön wie der Sonne
    Licht,
König Alexander, nun welk ist dein Gesicht,
Der weite Purpurmantel, mit dem du dich geschmückt,
Wie ward er von hundert Händen in tausend Fetzen rasch zerstückt.

Ach all ihr kronengeschmückten Schädel, der Lorbeer rauscht
Welk um die mürben Knochen, und wohl vergebens lauscht
Ihr nieder zu der Erde, ob nicht zu eurem Ruhm
Ein hohes Lied auflodert von eurer Lanzen Heldentum.

Umsonst du kahler Caesar zogst jubelnd du über den Rhein,
Verheerend brachen die Wetter über Rom herein,
Etzel auf strupp'gem Rosse, du wüstes Hunnenhaupt,
Dein Leib und deine Reiche sind beide längst wie Schutt verstaubt.

Wie habt ihr so vermessen mit eurer Kraft geprahlt,
Und glaubtet euch unsterblich, vom Panzerkleid umstahlt,
Wie habt ihr tief die Völker verachtet von eurem Thron,
Nun sag, wo sind deine Reiche, du corsischer Dämon?

Was ist der Ruhm der Schlachten? . . . Ein jäh verwehtes
    Blatt . . .
Die Sonne der Zeiten schlürft ihn, gleich wie ein Bächlein matt . . .
Ein lauter Schlag der Pauken, der rasch im Wind verfliegt . . .
Der letzte Schrei des Lebens, das bald im dunklen Tod versiegt.

Wohin sind all die Reiche? . . . über die Gräber geht
Der blasse Geist der Menschheit; bei jedem Grab er steht:
„Ich dürste nach Vollendung, ich selbst bin Gottes Geist,
Nach dem ihr allzeit hungert, wie der Adler seinen Raub umkreist.

Ich möchte die Flügel entfalten, mich schwingen zum Himmel
    empor,
In mir liegt Himmelswonne, ich bin des Tempels Thor, . . .
In euren Herzen tönet von Gott jedweder Schlag,
Zu Brüdern werdet und aufgeht leuchtend der Menschheit
    Ostertag.

Doch ihr, die erzenen Fußes schrittet so stolz dahin,
Und mit dem Schwerte boget der Menschen Nacken und Sinn,
Die ihr nach Ruhm verhungernd die Länder all verheert,
Nun sagt, was seid ihr vor meinem richtenden Throne heut
    noch wert?

Von Blut tropft euer Lorbeer, und eures Schwertes Stahl
Verjagte aus dem Busen das Gottesideal,
Darum sind eure Reiche wie Schiffe im Meere zerschellt,
Wer nur die Lanze schüttelt, den richtet mit dem Schwert die
    Welt."

Die heilige Elisabeth.

O du Nacht, der Seele finstre Nacht,
Du endlos tiefe Schmerzensnacht,
Hier lieg ich, blutig den Leib benetzt,
Den die Geißel in rote Wunden zersetzt.

O du Nacht, der Seele finstre Nacht,
Wie flieh ich vor dir, qualvolle Nacht?
Wo bliebst du, mein sonnenleuchtender Tag,
Mit Rosenblüten und Drosselschlag.

Maria, du Königin, süßes Licht,
Ich sehe und finde und höre dich nicht, —
Wie habe ich sonst deine Hände geküßt,
Deine Lippen berührt in sel'gem Gelüst.

Wie hab ich die Welt inbrünstig gehegt,
Wie die Sonne in Liebe die Blumen pflegt,
Die Pest lag sterbend in meinem Schooß,
Ich küßte die Kranken vom Tode los.

Des Armen Kind lag an meiner Brust,
Und trank die süße heimliche Lust,
Des Juden verachtete Tochter umschlang
Mein Arm, und ich küßte sie heiß und lang.

Zu meinen Füßen die Sünderin
Lag weinend und warf ihre Schätze hin, —
So schlecht war Niemand, verworfen nicht,
In tiefer Nacht sah ich himmlisches Licht.

Und durch die Wetter sah' ich es glühn,
Rings sah ich die Himmel leuchtend erblühn,
Und betend lag ich in göttlicher Ruh,
Und stammelte trunken: „Die Liebe bist du!"

O du Nacht, der Seele finstere Nacht,
Du endlos tiefe Schmerzensnacht, —
Konrad von Marburg, dein finsteres Wort
Scheuchte mir Himmel und Liebe fort.

Bedeckt den Leib mit blutigem Thau,
Das Haupt bestreut mit der Asche Grau,
Lieg ich und weiß ich von Liebe nichts,
Ich weiß nur den Tag des jüngsten Gerichts.

Ich weiß, die Sünde schläft und schlief
Im blauen Kinderauge tief,
Wo die Krankheit den Leib mit Narben schlug,
Ich weiß, es ist der Sünde Fluch.

Ich weiß, die Sünde faßte uns an,
Wo der gold'ne Wein im Becher rann,
Der Hölle Nebel die Sinne umfloß,
Wo der Mann das Weib in Liebe umschloß.

Ich weiß nur, wie elend das Dasein ist,
Das Glück, die Lust eine höllische List.
Ach, Sünde ist ein holdes Gesicht,
Der Lerche Sang und der Sonne Licht.

Durch die Nacht, durch die Nacht — ich höre den Tritt,
Wie die Nacht, so finster des Finsteren Schritt, —
O Geißel — o Buße — o Höllenglut!
Sühnt auch diese Gedanken mein tropfendes Blut?

Der tote Pharao.

Was wühlt's und heult's in meinem Sarg
    Und schreit im Pyramidenbau,
Welch Licht quillt aus den dumpfen Winkeln
Und maienduft'ger Blütenthau?

Es schleicht und frißt im Bodendunst,
Es nagt an meinem Staub und zehrt,
Und legt sich schwer auf meine Glieder,
Wie Feuer und wie Glut und Schwert.

Es reißt mich risch empor vom Pfühl,
Reckt meine Glieder auf vom Stein,
Es brennt, es flammt in meinem Staube
Und gießt ihm heißes Leben ein.

Es fügt und schiebt zum Leib sich an
Der braune Arm, die welke Hand,
Der lose sehnenschwache Nacken,
Das Haar so gelb wie Wüstensand.

Das seidne Kleid fällt schlaff herab,
Die Krone drückt die niedre Stirn,
Mein Aug ist tot und müd geschlossen,
Doch Flammen wachsen im Gehirn.

Es rannt und rauscht und schleicht und weint,
Es winselt an dem nassen Grund, —
Ein wilder Schrei von morscher Lippe,
Von meinem Mund weckt mich zur Stund'.

. . . Ein dumpfes Pyramidenschloß,
Und totenschwer ringsum die Nacht,
O laß nicht deine Lippen schreien,
O stumm, daß du vom Tod erwacht.

Und wieder aus der Gruft empor,
Es lockt und lockt den bangen Sinn
Durch meines Tempels Totenkammer
Reißt mich ein wildes Sehnen hin.

Zur Welt hinaus, dort wirkt die Nacht,
Gebiert und schafft im Frühlingssturm,
Hei, wie es bricht und fällt und splittert
Um Thal und Höh, von First und Turm.

Der Nil schießt wogensprühend her.
Es dampft die Flut im Katarakt,
Mit tausend schwarzen Munden jauchzt es
Dem Lenz im Dithyrambentakt.

Es braust und saust im Palmenwald,
Die Wipfel blasen Sturmgesang,
Hoch oben jagt die dunst'ge Wolke
Blauschwarz den Himmelsstrom entlang.

Am Wüstengrunde fegt der Sand
Im Atlas bricht das graue Eis,
Und schwellend unter ersten Knospen
Erbebt des Baumes junges Reis.

Und Flötenton und Reigentanz
Herüberklingt von Meeresbord,
Und Reigentanz und Flötenweise
Erklingt und jauchzt von Ort zu Ort.

Das ist die alte Frühlingsnacht,
Da weckt es mich empor vom Schlaf,
Da reißt's mich auf mit jenem Fluche,
Der meine stolze Seele traf.

Einst herrscht' ich im Aegypterland,
Ich herrschte stolz, ich herrschte gut,
Wo meines Wagens Räder klirrten,
Da bog sich tief die Menschenbrut, --

Wo meine Hand sich mächtig hob,
Da tropfte es von rotem Blut,
Wohin ich kam, da blitzte flammend
Der Waffen sonnenrote Glut.

Und schoß in meinem Goldpokal
Des Trankes blütenduft'ge Flut,
Credenzt von silberbrüstigen Weibern, —
Da wuchs mir hoch der Königsmut.

Da sah ich's wohl und hört' ich's gern,
Wenn hungernd lag des Volkes Troß
Die kranken Mütter nach mir schrieen,
Umlagernd ihres Königs Schloß.

Wenn ich vom Speergeheg umzäunt
Hoch ritt auf goldbehang'nem Roß,
Indeß im Staub das kranke Elend
Zornthränen und sein Blut vergoß.

Mit Arbeit und mit Waffenkraft
Zwang ich das Volk zu knecht'scher Ruh,
Doch jeder wußte tausend Flüche
Schloß er die müden Augen zu.

Und jeder Fluch fand einen Gott,
Und jeder Gott fand einen Schmerz,
Und stückweis brachen meine Glieder,
Und krank ward Haupt, Gehirn und Herz.

Doch als ich todesdurstig lag,
Bedeckt mit Schweiß und dunklem Blut,
Der schwerste Fluch: „Nie sterben sollst du!"
Zerbrach den letzten störr'schen Mut.

Schwer lag's auf meiner Augen Licht,
Ich lag gesargt im nackten Stein,
Doch hüllte nicht ein süßer Schlummer
Die fieberkranken Sinne ein . . .

Und was mich nimmer sterben läßt,
Nach Freiheit dürst' ich schmerzensbang,
Mit wilder Seele ihre Spuren
Such' ich fünftausend Jahre lang.

Ich stand in jeder Männerschlacht
Und wartete am Capitol,
Ich suchte sie im Kriegerlager,
Bei Denkern todesbleich und hohl.

Beim Bauern, der den Adel trieb
In seiner Spieße dornige Reih'n,
Auf blutigen Barrikadentrümmern, —
Ich stand und blieb und stand allein.

Ich suchte sie im dumpfen Thal,
Und auf der Berge rauher First, —
Umsonst, umsonst, — nicht einen find ich,
Der Jahre Welle steigt und birst . . .

Ein Freier! und des Lebens Kraft
Verweht, vergeht im Todesmai, —
Doch ach umsonst! — ich such und suche,
Nicht Einer war, es ist nicht Einer frei!

Champagnertropfen.

Frühlingsnächtige Stunden, . . .
Mächtig schwillt die Luft,
Rings quillt aus kühlem Garten
Der Erde süßer Duft.

In aufgebrochenen Schollen
Gestaltet sich's bunt und reich,
Durchs offene Fenster rankt sich
Keimendes Rebengezweig.

Über die Borde drängt sich
Das Wasser jach enteist,
Und aus dem Walde quillt es
Wie Maienglockengeist.

Schwarz über uns flattern die Wolken
Wie Banner in heißer Schlacht,
Und jagen gleich wunden Reitern
Durch die wallende dunkle Nacht.

Die Lüfte brausen und mächtig
Fahren sie hinterdrein,
So stürmen siegjubelnde Reiter
In fluchtzerrissene Reih'n.

Frühlingsnächtiges Drängen!
Küsse mich, Sturmesmund . . .
Küsse die lodernde Stirne
Und küsse mich gesund!

Sieh, jübelnd flürzt der Champagner
Mir in das blanke Glas . . .
Dir bring' ich mit jubelndem Munde
Das festliche blitzende Naß.

Nicht in der raubigen Flasche
Dermodern mag solch ein Wein, . . .
In die Abern des Frühlings verlodern,
In die Sterne will er hinein.

Leuchtend in den Lüften
Sersprüht die gold'ne Flut . . .
Nun mische dich, Sonnenfeuer,
Mit des Frühlings Rosenblut.

So sprüht der Samen dem Boden,
Daß, wo ein Tropfen fließt,
Sich öffnend und flammenlodrig
Eine Rose leuchtend entsprießt . . .

Ein üppiger Blütenkelche
Hinflute über das Land,
Wie ein vom Lenz gewobenes
Strahlendes Gewand.

Und wenn sich zwei begegnen
In solchem Blumenhain,
Dann ziehe fliegend die Liebe
In ihre Seelen hinein.

Hymnus der Freude.

Sonnenlicht, durch alle Poren
Flute, ströme in mein Herz,
Silbertönende Wolken, hebt auf
Ätherflügeln mich himmelwärts.

In dem Kopfe tollt und pufft mir,
Lacht und lärmt Erdbeber Wein,
Und durch meine Seele flutet
Blut vom Wimpeln, der grüne Rhein.

Du, mein luftiges Mädchenauge,
Frischer, frühster Mädchenmund,
Sonnenaufgang der jungen Morgen
Eilenhuftig und blütenbunt.

Wenn in rebenverhangener Laube
Dir beim golvig tönenden Glas
Küssen und plaudern das und vieles,
Plaudern und Küssen dies und das.

Ja, aus meinem Munde glutet
Frühlingsstrahlen ein freudig Lied,
Das wie helles Zerdengoldmetter,
Durch die Krafäsern Lüfte zieht.

Widerhallts von Wald und Wasser,
Geigen- und süßer Flötenklang
Zieht mit jubelnden Mädchenchören
Himmel und Erde klingend entlang.

Weit aufspringen des Herzens Thore
Und aus meiner Seele bricht,
Über die Erde flutet goldig
Hoher Freude buntfarbiges Licht.

Freude! Freude! Wein des Himmels,
Ströme über die Seelen hin,
Werde du der Menschen rosen=
Tragende lächelnde Königin.

Tanzend, tanzend, flötenspielend,
Lachend und mit hellem Sang,
Laßt uns wandeln aller Zeiten,
Aller Welten Strom entlang.

Rosen durch das Haar geflochten,
Ziehn wir durch das Himmelsthor,
Wo wir wandeln, wo wir schreiten
Blüht ein Blumenhain empor.

Memento mori.

Wir lagen beim Dunkeln Spanierwein,
Verborgen von duftiger Laube,
Durch üppiges Malwerk bläulich quoll
Traube neben Traube.

Im Auge der schönen Dame Marie
Träumte mein Spiegelbildnis,
Wir flüsterten uns und glaubten uns weit
In rosenberauschtem Bildnis.

Wir schütteten Küsse und funkelnden Wein
Und sprühend zu ihr hinüber
Flog von Rosen und Dolchen ein Gruß,
Und Küsse warf sie herüber.

Ein flüchtig Mönchlein vorüberhuschte,
Es murrten die Lippen, die bleichen:
„Memento mori" und düsteren Blicks
Schlug er ein Kreuzeszeichen.

Ich dente des Todes, du schwarzer Gesell,
Ich leide ihn jeglichen Stunde,
Es dammt fein Auge wie Sonnenschaft,
Süß strömen ihm Küsse vom Munde.

Ich liebe die schöne Dame Marie,
Vergehe in ihrer Liebe, —
Denn Ich erwachsen aus jeglichem Kuß
herrliche Lebestriebe.

Ich weiß es, wie du, mein finstrer Mönch,
Das Leben sind Grimmen und Sterben, —
Drum trink' ich mit jedem Becher Weins
Ein seliges göttliches Sterben.

☙✻❧

Im November.

Des Sommers Flammenhaupt versank
In grauen Winterfluten,
Wo bist du, Nachtigallennacht,
Du Tag der Sonnengluten?

Das duftig grüne, seid'ne Kleid,
Durchwebt von Rosenblättern,
Zerrissen liegt's und ganz zerfetzt
Von wüsten Regenwettern.

Wo bist du, traubendunkler Herbst,
Von gold'nem Weine trunken,
Dein laubumkränztes, volles Haupt
Wohin ist's nun gesunken?

Des Sommers Glanz und gold'nes Licht,
Die flammensprüh'nde Sonne
Sank in ihr Herz, aufleuchtet nun
Viel schön're Lust und Wonne.

Ihr Aug' ist heiß, wie Sonnenbrand,
Und blau, wie Himmelslüfte —
Dem ährenblonden Haar entströmt's,
Wie linde Blütendüfte.

Ihr Antlitz ist ein Lilienblatt,
Von zartem Blut durchflossen,
Ihr roter Mund ein Rosenkelch,
Zu voller Glut erschlossen.

Ihr Wort und Sang und Liebeslied
Tönt süß und träumerisch leise,
Als schlüg' im Busch die Nachtigall
Tiefschluchzend ihre Weise.

Den Wein aus purpurrotem Kelch
Hab' ich berauscht getrunken,
Als meine Lippen voller Durst
Auf ihren Mund gesunken.

Des Sommers duft'ger Tag verging,
Die Feuer rasch verglühten,
Doch sank er leuchtend in ihr Herz
Mit Liebesrosenblüten.

Lebendige Poesie.

Einsam am gebräumten Tische
Unter dumpfen Kellerbogen,
Schlürf' ich von des Rüdesheimers
Aromenreichen Wellenwogen.

Wie im Traum die Schläfe prellend,
Träum' ich bei der süßen Labe,
Und im Wein ruft's tausendstimmig,
Daß ich deine Liebe habe.

Seh ich lauschen doch dein Antlitz
Aus dem Thon der gold'nen Fluten,
Funkeln deines tiefen Auges
Feuergriffe, Liebesgluten.

Wenn sold' aufflügelnde Tropfen
Über meine Lippen fliegen,
Sind's nicht deines Kusses Zünden,
Die auf meinem Munde spriegen?

Fern bist du, doch deine Stirne
Halten mich, ich fühl's, umschlungen,
Und mein Haupt ruht dir am Busen,
Ruht, von deiner Macht bezwungen.

Liebeshuch und deines Odems
Düfte wehn um meine Stirne
Süßbetäubend, und wie trunken
Klingt und tönt es mir im Hirne.

Nicht nach Reimen will ich haschen,
Nicht mehr Verse kunstvoll schmiegen,
Nicht aus Worten Ketten winden
Und zum Reim zusammenzwingen.

Nein, ich weiß ein feines Haus,
Weiß wo Zungen mich erwarten,
Und wo mich ein Mund erfrischt,
Weiß der Liebe Zauber garten.

Durch dies grame, mächt'ge Welter
Folg' ich meinen süßen Pflichten,
Worte nicht, — nein, dir zu Füßen
Will ich nun mein Leben dichten.

〜✴︎✴︎✴︎〜

2*

Idyll.

Zu duftenden Apfelbäumen
Schaukelt das Sonnenlicht,
Weiße Frühlingsblüten
Fallen auf mein Gesicht.

Es glüht in blauer Schale
Golopilgrimmender Wein,
Es perlt in feinen Fluten
Funkelndes Edelgestein.

Ruhend im weichen Grase
Denke ich Blatt um Blatt,
Und leise an alten Liedern
Zittert die Seele satt.

Hohe Gestalten steigen
Aus blühenden Gräbern auf,
Hohe Gedanken träumen
Zu den Wolken hinauf.

Süßtönend nur sucht mein Auge
Zwei Augen, wie Dein so klar,
Und es gleiten leise die Finger
Durch feines seidenes Haar.

Auf zarte schwellende Schultern
Fließt es lässig und los, —
Mein Liebchen ruht atmenden Zuges
Träumend in meinem Schoß.

Wie die Nachtigallenkehle
Ihr zarter Atem sich hebt,
Wie die Welle, die im Frühlings-
lufte idumernd erbebt.

Ninjoletta.

In des Kellers dunkeln Hallen,
Matt erhellt vom Kerzenstrahle,
Träumte ich von alten Zeiten
Bei der Duft'gen Rheinweinschale.

Und es kam mir aus dem Deine
Gleich wie früher im Gesichten,
Da ich jung: Nicht Dorle reimend,
Nein ich will mein Leben dichten.

Aus den Fluten stieg wie damals
Jenes goldgelockte Köpfchen,
Und gleich ihren klugen Auge
Schaut mich an jed Rheinweintröpfchen.

Denkt sie meiner noch in Liebe,
Wenigott, darum du mir's nicht sagen?
Sind verdorrt auch meine Triebe
In den grauen Wintertagen?

Daren beide leichten Sinnes
Schmollten beide um die Wette,
Doch ich kann sie nicht vergessen —
Meine liebe Ninjoletta.

Haben uns ja oft gestritten,
Öfter flössen sich die Münde,
Unter Küssen, unter Schluchzen
Gab uns hin manch mäch'ge Stunde.

Haben süßen Wein getrunken
Alle beid' aus einer Schaale,
Beide haben wir gesündigt
Oft bei mehr als karzem Mahle.

Doch noch immer hör ich singen
Meine lustige Soubrette,
Und ich kann dich nicht vergessen,
Meine liebe Zinqiolette.

Wie ein Sonnenstrahl hinglänzend
Glitt du durch des Hauses Räume,
Und dein süßes Lachen läutet
Noch durch meine stillen Träume.

Daß wir eifersüchtig waren —
Eifersüchtig! Gott der Liebe!
Unsre liebestrunknen Herzen
Stahlen nimmer fremde Diebe.

Nein, um unsre Herzen floch sich
Eine duft'ge Blütenkette . . .
Könnt' ich je dich drum vergessen,
Meine liebe Zinqiolette?

Wehe, daß wir so scheiden mußten,
Und wir liebten uns doch beide, —
Schützten wir uns übermütig
Noch der Trennung bittrem Leide?

In der Liebe Ozean treib' ich
Zum auf mordsjerspringenden Brette,
Und ich denke dein mit Sehnsucht,
Meine liebe Zinqiolette.

Daß ich vor den bösen Geistern
Meine arme Seele rette,
Denk' ich dein mit Schmerzen und Tränen,
Meine liebe Zinqiolette . . .

Sieg ich einst in heißen Schmerzen
Auf dem dumpfen Todesbette . . .
Wer drückt mir die Augen zu,
Meine liebe Zinqiolette?

Erinnerung.

Ueber die Dächer hebt sich
Mondes zaubrische Flut,
Durch die Lüfte webt sich
Sanfte Rosenglut.

Über die stillen Flimmerno
Dom Dezemberschnee,
Fließen die Tropfen schimmernd
Aus lichtfunkelnder Esch'.

Drüben über die Stirne
Strömt des Mondes Glanz,
Wirbelt um meine Stirne
Seinen Strahlenkranz.

Meine Augen triefen
Sein unendliches Licht,
Seine Käfte finken
Grinsen auf mein Gesicht.

Und von tiefem Sehnen
Meine Seele schwillt
Und von Chränen und Chränen
Über mein Auge quillt.

Monde sind geschwunden
Und es war wie heut:
Mitternächtige Stimmen,
Fern ein Glockengeläut.

Über die Dächer hob sich
Mondes zaubrische Flut
Durch die Lüfte wob sich
Sanfte Rosenglut.

Grinsen von süßem Gefühle
Zag ich in milder Luft
Auf sanftgolbnem Pfühle
Rubend an seiner Brust.

Drüben über die Stirne
Strömte des Mondes Glanz,
Flocht um seine Stirne
Feuchtentoben Strahlenkranz.

— 23 —

Rosige Lichter spielen
Dir in den Augen klar,
Blüthen wie zarte Rosen
Dir im goldigen Haar.

Derbe der Liebe kann ich,
Liebchen, von dir belegt,
Träume und Mährchen spann ich
Dir am Zopfe goldschimmert.

Lässig in meinen Armen
Ruht du auf seidnem Pfühl
Träumend mir rührten die warmen
Finger ein Fantenspiel.

Eine himmlische Töne
Klangen im stillen Gemach,
Sanftbrik melodischer Schöne
Seufzten die Saiten nach.

Rosige Lichter flossen
In den goldenen Ton,
Neben dir hingegossen
Träumt' ich den Himmel schon.

Monde sind gestrichnuben,
Und es war mir wie heut — —
Wintermächtige Stimmen,
Fern ein Glockengeläut.

Liebe, unendliches Hoffen,
Sehnsucht flutet empor, —
Laufche, tönt aus den Gassen
Dort nicht die Tante hervor?

Ist es mir eitles Wähnen,
Daß es in Tönen dort schwillt, —
Ich von Thränen und Thränen
über mein Singe quillt.

— 24 —

Am Grab einer Schauspielerin.

Und es flüstert der Wind, und der Regen fليegt und fegt
an den Kreuzen und Steinen,
Und aus der Erde, durchs nasse Gras, durch die Zweifeln
zittert ein Weinen.
Und durch die Zweifeln, durchs nasse Gras, durch die Erde fließt
ist es schimmern,
Ein Leichenhemd, einen Rosenkranz, eines Ringes goldiges
Flimmern.
In dem Anlitz gebrüht eine schmale Hand, zwei Augen im
Schlafe geschlossen,
Und die Schultern, so zart wie der Lilien Schnee, von
blonden Locken umflossen . . .
O du Tag, o du leuchtende Sommernacht, da ich goldene
Stunden verträumte,
Und flügend deinen flutroten Mund meine Jugendjahre
verträumte.
Nur noch einmal hör ich so fern, so weit, wo der Himmel
voll Wolken und Regen,
Ein wonnig Lachen dort hoch im Gewölk, so trotzig und
luftig verwegen . . .
In der bleichen Luft, in dem fahlen Licht hintreiben
wirbelnde Blätter,
Und die weißen Zöpfen rechen zerfetzt im trüben Ziegenwetter . . .

Rosenzeit.

1.

Rosen, Rosen, nichts als Rosen
    In den Gärten, am Gehege,
Grüßend flattern ihre losen
Blüten über die sonnigen Wege, —
Aus den Büschen, aus den Lauben
Lauschen sie mit dunkelm Munde,
Durch die sonnenweißen Lüfte
Strömen ihre süße Düfte — —
Glanz und Duft in goldner Runde!

Aus den Büschen, aus den Hecken·
Fließen weiße Rosen nieder,
Leuchten rings aus den Verstecken,
Aus dem Wein und dunklen Flieder,
Rote Rosen träumen üppig
Auf der Blätter seidnem Pfühle,
Und die trunknen Windesfluten,
Trunken von den Rosengluten,
Küssen ihres Mundes Kühle.

In den süßen Rosentagen
Tönt ringsum ein Singen und Klingen
Fink und Drossel schmetternd schlagen
Aus der Büsche grünen Schlingen;
In den Kiefern gurrt die Taube,
Drüber hin die Krähen schweifen
Nah' den silberblauen Wolken;
Auf den windbewegten Kolken
Liegen zarte Sonnenreifen.

Wandelu ich unter Rosen,
Schlanke Mädchen, holde Frauen,
Schelmisch glänzen da die losen
Braunen Augen und die blauen,
Rings im Park, auf den Balkonen,
Flattern ihre seidnen Loden
Aus den Gärten hört du's klingen,
Rings Klavier und Saiten klingen,
Und fern her die weichen Glocken.

In der Gärten düftern Wegen,
Wandeln weiße Mädchenrosen,
In den bunten Laubgehegen
Fliegt der Ball aus weichen losen
Händen durch die heißen Lüfte,
Doch die schwärmend blassen Frauen,
Träumend füßes Liebesträumen,
Ruhen unter Einsenbäumen,
Wo die Blüten nioberranen.

In den süßen Rosentagen —
Ei, weich ziehen und weich Rosen!
Der Frau Venus goldner Wagen,
Rings umsträngt von Myrth' und Rosen,
Jagt vorüber in den Lüften,
Und aus weichen, milden Händen
Rosen streut die gütige Liebe,
Daß im Herzen diese Triebe
Stammen auf zu Liebesbränden.

— 27 —

II.

Wandernd an den Weingeländen
    Wo der Weg zum Flusse offen,
Bin auch ich aus weißen Händen
Von dem Rosengruß getroffen,
Lichte Blüten, grüne Blätter,
Zahllos flossen sie hernieder,
Weiß und dunkle Rosen fielen,
Sah ich tanzen, sah ich spielen
Plötzlich um die müden Glieder.

Drüben durch die grünen Reben,
Die sich um die Lauben ranken,
Durch die Blätter geht ein Beben,
Und die blühenden Zweige schranken:
Leuchtend glänzt durch die Gebüsche
Rosigrote zarte Seide,
Eines Armes sanft durchglühte
Schwellende frische Apfelblüte
Hebt sich aus dem Spitzenkleide.

Leises Kichern in den Hecken — —
Wart, ihr kecken losen Mädchen,
Auch in duftigen Verstecken
Spinnt die Liebe goldne Fädchen,
Eine Lippe, die da lächelt
Weiß noch sonniger zu küssen,
Und ein Blick so funkensprühend,
Nächtens flammt er liebesglühend
Aus der Locken dunklen Grüßen.

Für die süße Blumenspende
Sag, wie soll ich dir nur danken?
Wenn heut Nacht durch die Gelände
Bläulich grün die eisigblanken
Mondeslichter tropfend fließen, —
Darf ich meines Liedes Rosen
Wohl an deine Fenster stellen,
Daß des Duftes leichte Wellen
Dich in Schlaf und Traum umkosen?

Unterm Wald auf goldnen Flügeln
Still der lichte Tag entschwebte,
In den wehmuthsvollen Zügeln
Sich ein licht Gewölk verwebte;
Mählich farbloser Wolkenpfühl
Strömte aus smaragdnen Schatten,
Und die leßten Speere flogen
Von dem sterbnen Sonnenbogen
Auf der Erde duft'ge Matten.

Milde und still floß es herüber
Aus der Berge dunkeln Griften,
Leise langsam zogs hinüber
Lieberm Strom in grauen Düften,
Dunkle Schleier flocht es schweigend
Um der Garten Träumegefyge,
Und die düftern Schatten wallten,
Schwere nächt'ge Nebel ballten
Sich am dämverfpommenen Wege.

Nacht ists nun; du stehst sie wallen,
Düstern Haupts; mit stumm'm Munde,
Durch der Erde dumple Hall'n
Schreitet sie in müßer Stunde;
Ihre feuchten Locken fluten
Rückwärts auf ihre Hüfte,
Sterne blißen ihr im Haare,
Und des Mondes edle Mare;
Von ihr strömen süße Düfte.

Rosenzelt und Rosen tragen
Längs die zauberrrigen Winde, —
Aus der Zauber und den Hagen
Strömt und quillt ein Duftgebinde, —
O, mit selig tiefer Weihe
Schmückt sich es die täg'gen Chore,
In der Düfte schwellenden Küssen
Schmiegt du dich dahingerissen
Betet seine Mlüde nieder.

III.

Träumend rufst du, säulenumrauften
Eingeweiht von Windesfluten —
Kühle, blitzende Mondesfunken
Träufeln von der Stirne Gluten,
Ringsum rauschen die Fontainen
Von den Wassern höch ob's Hopfen
Singen aus den hellen Strahlen,
Wenn sie in die Marmorschalen
Silberklingend niedertropfen.

Hör die Zither rauschend klingen
Und der Flöte Traumesweise,
Weiche Geigen sich verflüchtigen
In die Töne, leise -- leise.
Rings von schimmernden Balkonen
Steigen süß die weißen Frauen,
Weiße, liebe Schultern leuchten
In der Rosennacht lindestrem
Duftigem Meer, dem schwärzlich blauen.

Weiße Schultern, glänzende Brüste,
Schneeige Arme, strahlende Augen,
Soll ein Mund, ach, wenn er füßte,
Dürfte er sein Leben laugen.
Hört du's nicht von Küssen rauschen
In der Lüften Duftgeflechte —
Mich, o Dennis, gnädig nieder,
Dir, o Göttin, opfernd nieder,
Weihn mit diese Rosennächte.

IV.

Jn den Rosen, in den Rosen
Wandl ich schwärmend, Dörfe spinnend
In den Lauben und den Moosen
Fließt das Mondlicht, sanft verrinnend
Vor dem offnen Fenster wandl ich
In der dunkeln Rosenlaube,
Süß erklingen voller Schöne
Kleiner Mandolina Töne
Auf zu dir, du Wolkentaube.

Dorchies, süßes Tönen flutet
Sanft um ihre junge Stirne,
Sanft, wie dort das Mondlicht glühet
Um des Bergs befränzte Stirne.
Weich volle Winde, schmiegt euch
Weich an ihre Silberbrüste,
Und ihr Blütendüfte schmeichelt
Ihre matten Glieder, breidhelt
Ihrer Locken feidne Lüste.

Kleiner Lieder Rosenwinden,
Kränzt der Schulter rosge Bleiche,
Und soll als Brillanten finden
Euch sie in des Haares Weiche.
Kleiner Lerche blaute Ketten,
Schellt ihre holden Sinne, —
Daß ich ihr unendlich Sehnen
Ihrer Liebe Freudenträhnen
Doch in dieser Nacht gewinne.

Zu den Rosen, in den Rosen
Ging ich schwärmend, liebestrunken
Zu den Lauben, in den Moosen,
Strömten helle Mondesfunken, —
        Da um des Vertrümten Pfaden

Zog sich eines Ahnes Spange,
Drängt es sich mit jungem Zwiste,
Und zwei feudig füßten Lippen
Meine Lippen, lange, lange.

Um die Stirne floß und webte
Einem Duftes herrliche Süße,
Daß in Luft mein Leib erbebte
Ob der holden Liebesgrüße.
O ihr goldnen Strahlenaugen,
O ihr frühlingsblühenden Glieder,
In der goldnen Stadt der Rosen
Sollen sich lässig, losen,
Und die Liebe flieg hernieder.

Ihres Kleides leiche Fülle
Wallte auch um meine Hüften,
Sanft bedeckt von nächtiger Hülle
Ruhten wir in Rosendüften, —
Küssend, liebesworte flammend
Träumten wir im Blüttenhage, —
O du liße Stadt der Rosen!
Treibet uns, ihr Liebeolen,
Solche Nacht der Rosentage.

Epilog.

Schöne und geliebte Dame,
Meiner Seele stolze Fürstin, —
Stets gepriesen sei dein Name! —
Wundenkrank und blaß vom Grame
Biet ich dir den letzten Gruß.

Bei der Lampe fahlem Scheine
In dem düstern Wirtshaus träum ich
Einsam nun und ganz alleine
Hinter schwerem Spanierweine,
Trinke seinen heißen Duft.

Ha, . . . wie strömt's da auf mich nieder,
Schwinden nicht die dunkeln Bogen?
Jasminduft, . . . weiß blüht der Flieder,
Sommernacht umfängt mich wieder,
Silbern blitzt die feuchte Luft . . .

Mondlicht, Blütenduft . . . und drüben
Schlag der Nachtigall im Laubwerk . . .
Sanfte Citherklänge hüben,
Und aus meiner Seele trüben
Kammern wichen Leid und Angst . . .

Ei, was war mir Aller Hassen,
Dachte nur an deine Schönheit;
Als du hinschrittst durch die Gassen,
Damals stand ich ganz verlassen
An der Kirche dunklem Thor.

Stand und sah dich; wie durchflossen
Plötzlich Licht und Glut mein Dasein!
Sonnen mir im Herzen sprossen,
Welten sah ich aufgeschlossen,
Und mein Blut ward junger Wein.

Wie die Nacht dem goldnen Tage,
Liebestrunken folg ich zitternd
Dir seitdem, daß ich dir sage,
Was ich leide und ertrage,
Daß mein Ich in dir erstarb.

Nun, da nächt'ge Zauber fluten
Durch die Lüfte, auf den Erdball,
Heißer alle Sinne bluten,
Heißer aller Herzen gluten,
Wandle ich vor deiner Thür.

Rötlich glänzt der süße Flimmer,
Lichts in deinem hohen Saale,
O Madonna, soll ich nimmer
Deines Kleides seidnen Schimmer
Heut am Fenster noch erspähn?

Einmal nur auf dem Balkone
Zeige dich, mein Seelentraumbild;
Wie die Mutter mit dem Sohne
Hoch auf güldnem Himmelsthrone,
Zwingst du mich im Staub zu knien.

Sommernächte, trunkne Stunden,
Da ich so vor ihrem Fenster,
Blutend aus noch jungen Wunden,
Was ich sehnsuchtsheiß empfunden,
Sang, ein neuer Troubadour;

Da ich spähend alle Wege
Niedersah, ob nicht ein Bursche
Girrend käm mir in's Gehege, —
Hei, wie hätten meine Schläge
Liebesleid ihn rasch gelehrt; —

Da mit Veilchen und mit Rosen
Ich des Nachts ihr Fenster kränzte,
Und mit kecken Studiosen
Ständchen brachte und in losen
Reimen meine Liebe sang:

Bis ihr Fenster leise klirrte —
Leise, leise . . . aufgeschlossen,
Eine dunkle Rose schwirrte . . .
Trug war's nicht, der mich verwirrte! . . .
Grade mir zu Füßen fiel . . .

Herrin, tausd . herrliche Tage
Diente ich in deiner Liebe,
Nun wie eine schöne Sage,
Reich an Jubel, reich an Klage,
Tönt Erinn'rung in mein Ohr.

Weiße Stirn und blanke Brüste, —
Flammenaugen — Feuerlocken, —
Rote Lippen, viel geküßte, —
Zeit der Wonnen, Zeit der Lüste, —
Dein gedenk ich, Jugendtraum!

Liebestraum! — du Rosengarten —
Sternenlicht — weinvolle Schale —
Kranz der Höll- und Himmelsfahrten — —
Unter deinen Goldstandarten
Zogen mir drei Jahre hin.

Hab' von weichem Arm umschlungen
Dich gekostet bis zum Grunde . . .
Hab' gejauchzt und hab' gesungen,
Hab' gelitten und gerungen
Als ein treuer Troubadour.

Müde, stumm und ganz verlassen
Lieg' ich nun bei fahlem Lichte, . . .
Draußen tönt es durch die nassen
Regenüberströmten Gassen
Wie ein fernes Liebeslied.

Hast mein Herze schnöd verraten,
Trinkst die Lieb' aus andrem Kelche, — —
Hagelwetter meiner Saaten,
Ich verachte deine Thaten,
Neuer Lenz glüht mir im Blut.

3*

Greife nach dem Helm, dem blanken,
Nach dem Schwert und hartem Schilde, —
Auf dem Schlachtfeld der Gedanken
Reit' ich trotzig in die Schranken,
Todesdurstig — liebesstark:

Menschheit, du unwandelbare
Schönste, ewigjunge Blüte,
Dunkles Rätsel — einzigwahre
Gottheit du! — welch' wunderklare
Liebe füllt für dich mein Herz.

Mag der Brust mein Blut entwallen,
Laß für dich mich jubelnd sterben,
Ja, für deine Götterhallen
Will ich kämpfen, will ich fallen
Allgeliebt-Allliebende!

Doch im letzten Todesbeben,
Wenn sich neigt die blasse Stirne,
Wird mich noch ein Duft von Reben
Und von Rosen lind umweben,
Meiner Jugend Liebestraum!

Der Ahasver der Liebe.

Hier werf' ich hin der Tage müden Rest,
Werf' ab des Lebens Fluch, verflucht von dir,
Wo du aus dunkler Rosen Purpurflut
Und aus des Laubwerks weichen grünen Wogen
Die Marmorglieder hebst, den hüllenlosen
Und schneeigen Leib, du schaumgeborne Venus.
Hier schüttl' ich ab die Banner, mein Gewaffen
Ableg' ich dir zu Füßen, Schild und Speer,
Blutrostig und zerfetzt im erznen Sturm,
Den ich in deinem Dienst zu lang erlitt.
Zu Füßen dir bett' ich den morschen Leib, —
Schon meine Kindheit träumte dir zu Füßen,
Und aus dem Rosenhag los wand sie sich
Der Blumen dunkle Glut, schlang lustverloren
Sie in des Hauptes sanftes Haargelock.
Hier saß ich oft, — mit feuchtem Veilchenduft
Und rosenatmenden Schleiern, lippenüppig
Schritt vom Gebirg die Frühlingsnacht hernieder
Traumstill und lind, auf weichen Blumensohlen.
Blauschwarze Schatten rings, — der Himmel sproß
Von tausend Sternenblüten, schimmernden Wellen
Von grünem Mondlicht flossen im Gewölk
Und tropften silberglänzend erdenwärts —
Und jed' Gebüsch, jed' Blatt und Zweig am Baum
Durchstrahlt und klar, schien selber neuen Glanz
Und duftighelle Lichter auszuströmen,
Leuchtende Nacht lag rings auf Wald und Flur.
Zu deinen Füßen, Venus, wollustschauernd
Lusttrunken träumt' ich in den Rosenlauben,
Vom Wind geküßt und von der Blumen Duft,
Und preßte meiner Stirn schwerheiße Glut
An deines Fußes marmorblanke Kühle
Und wirre Töne klangen in meinem Sinn
Und tönten gleich zerriss'nen Harfensaiten,

Indeß ich durst'gen Blicks und fragenden Mundes
An deinen Lippen hing: „Wer bist du Rätsel?"
So schrie ich auf, „geheimnisvolles Du, —
Was ist's, das mich mit tausend wilden Fängen
Zu dir herüberzieht, zehntausend heiße Strahlen
In meine Sinne bohrt und mich, den Troß'gen,
Hartwiderstrebenden, zu deinen Füßen,
An deine Brüste reißt; qualvolles Rätsel,
Ich liege hier mit wundenkranker Seele,
Und brünstig schlag ich meiner Arme Ketten
Um deinen Leib, was bist du, was dein Sein,
Mit welcher Zaubermacht hältst, Venus du,
In welchem Bann hältst, Liebe du die Menschheit?"

Und wie ich lag, an deinem Fuß geklammert
Und wie ich stöhnte, regtest du nicht da
Den schneeig schwellenden Arm und schlugst empor
Den sanften Blick und öffnetest des Mundes
Verschloss'ne Lilien? war's nicht linder Klang,
Mit dem du sprachst: „O suche, suche du,
Such du das Reich, wo licht die Göttin wohnt,
Such du die Liebe; — mich schuf Menschenhand,
Ein trunkner Geist, der nicht den Schleier hob
Vom Bild der Hohen, schuf aus silbernem Stein
Dies matte Abbild, das ich vor dir steh.
Ich bin ein Nichts, doch meine Göttin such!
Such nicht im Himmel sie, such sie im Menschen,
Und sahst du einen Blitz des blauen Auges
Mit goldnem Scheine fallen, hieltst du sie
In brünst'gen Armen, ewige Glut
Und ewiges Leben strömt in deinen Gliedern,
Der Frühling krönt mit süßer Jugend dich,
Und du bist Gott . . ."
Still war die Nacht, des Frühlings erste Nacht,
Da brannte mir die Stirn, die Pulse jagten,
Noch einmal lebt' ich die Jahrtausende
In einem langen Traum,
Hin ging ich weltwärts, weit, weit wandelte
Mein Fuß, ich ging und wandelte und ging und ging.

Ich kostete genug, ich küßte tausend Mal,
Stand brennenden Herzens und mit schwärmendem Auge
In schwül asiatischer Nacht, indeß Sternfeuer
In blauen Wolken flammten, schwere Düfte

Aus Rosenbüschen und Syringengärten
Herübergezogen vom Palmengarten
Das harte Rasseln rauschender Tambourins
Und Schellenklang an meine Ohren klang.
Auf blühendem Seidenpfühle ruht ich mild
Im weiten Saale, indeß aus goldnen Schalen
Ringsum ein düstecrotes Feuer quoll,
Elefantenausshauch Weihrauch und gespenstisch
An Wand und Dorhang zitternde Schatten malte.
Und an Zilpha's, der schneebrüstigen Sklavin,
Zu ihrem Busen rief ich, meine Träume
Barg ihrer Augen Nacht, auf feuchten Lippen
Saug ich die Minne zauberhaften Kusses.
Und da sie wie im Schmerz mich fester drückte
Und schmerzvoll lächelte: „Ich liebe Dich,"
Da jog's wie Eentsetzen und wie Mutwillen
In meine Seele, jubelnd Hang's und rief's:
„Du hilf's, die unbekannte, allgefuhlte,
Die große Herrin, du, du bist es, Göttin,
Du bist die Liebe". — und mit Iandsdobber Kuß
Wollt ich sie füllen und sie ewig hatten
Zu starken Armen, — doch ich füßte nicht,
Ich fand nicht ihren Mund,
Wie sanfte Wolken flog es zwischen uns,
Dumpf ward's in mir, — schmerzwünschenbes Leid
Gerriß mein Herz und spaltete mein Denken,
Und Ekel, füllte meine Seele
Und schaudernd wandt ich mich von solchem Kusse.

Und weiter jest' ich meinen raunen Fuß
Und suchte, suchte nach der urgebornen,
Der Göttin Liebe, suchte mit heißem Sinnen —
Ich suchte und fand sie nicht; Judäas Tochter,
Sanft ließ ich ihr Gelod in matter Nacht,
Und ihre Küsse fielen wie Maienblüten
Auf meine Lippen, — doch ich fand nicht Liebe
Nicht Liebe, als Ägyptens sanfte Tochter
Aus ihrer Augen schwarzen Wolkenschatten
Die goldnen Pfeile und Blitze warf, — nicht Liebe,
Als ich im Prunktgemach der Perserfürstin
Betwirrt und trunken lag, und holde Sklavinnen
Noch Liebe girrten üppige Tänze schlangen,
Wollust und Sattenklang den Geist verwirrte.

Und meines Sudens weiße Qual erwiesen,
Entschlief ich träumend ein, — nach lag das Schloß
Des Perseus Ahuen, ſtumm und ſtill war's rings,
Verſchlafen Alles, — als zur zwölften Stunde
Vom Haus herüber goldener Feierklang
Auf feuchten Lüften landsjon herüberzog, —
Und linde, ſendlende Lüſte tönten
Vom hohen Sang und ſüße Zauberworte
Klangvoll und weich in allen Winden rauſchten:
„Du, Zlphrodite, meergeborene Göttin,
Eingeprieſene Tochter Zens', Flockthronende,
Laß du dies Herz in ſüßen Liebesnöthen
Verſchmachten nicht," ſo klang's und fang's herüber
Und vor dem Haule ſtand in weißen Zinnen
Ein Griechenmädchen, goß aus blanker Schaale,
Zur Erde freudbaren Wein. — Ich fuhr vom Traum
Empor — und durch das ſonnweite Meer
Fuhr ich mit Griechenhauchen, daß ich dich,
O Göttin, finde im Athenerlande . . .
Ich ging und ſuchte, — die Athenermädchen,
Schönſüchtig, groß gewagt, ſensblühenden Leibes
Umträntten mich mit friſchen Veilchentränzen,
Zn ihrer Schönheit blanker Marmorfülle,
Berauſcht' ich mich und tauſchte wonnige Worte
Und Lieder aus . . . da flöhte ich nach Liebe,
Auch allumfaſſender, großer, einer Liebe,
Die ihren Feuerflohn aushütten follte
Auf meinen Sinn, ſie wandten ab die Augen,
Verſtanden nicht mein Wort, die Marmornen:
Sie boten mir den Leib und ihrer Lieder Glanz,
Doch Liebe nicht . . . Ich ging und wandelte und ging
und ging.

Da fand ich dich auf hütterborgner Inſel,
Als von dem ſturmzerbrochnen Dzean
Mein Schiff auf felſige Klippen fiel und barſt.
Den Ganzjerſtarrten weckte eine Thräne
Von feinem Cos und da den Schiff ich auffchling,
Da faß ich über mir ein Kinderhaupt,
Dorſtörte Blicke, einen weinenden Mund,
Ein angſtvoll harrend, thränenvolles Auge
Aus goldigſtillen Locken tief ergläugen . . .
O füßer Lund, da wir in Einſamteit
Dann Sommers Duft, des Winters eiſige Starre

— 41 —

In mein- und wachumfponnenen Mädchenhäuschen,
Dort, wo der blaute Bach aus Felsen schoß,
Im süßen Ebegglück verträumt, da wir
Eng Bruft an Bruft gedrängt und Lipp' an Lippe
In träumendem Zug und ladenstrobem Atmen
Zu gleichen Lüften Leib und Freude teilten,
So eins uns fühlten, Leib und Seele eins,
Wie viele Welten, die dein Aug' erfährt,
Millionen find und doch nur eine Welt,
So schliefen wir ein kurzes füßes Jahr
Und träumten beid' von einem dritten Glück,
Das halb mit jungem Zug und bellen Lachen
Durch unfrer Stube dämmerungsfrohe Schatten
Still wallen, neben follte ... armes Glück,
Du frommes Glück, wohl hielt ich dich im Arm,
Doch lag der Tod auf Wange und auf Stirn
In schneeigen Blumen, auch in ihre Locken
Flocht er hinein die engverschwisternde Myrthe.
Und als ich tiefanlentos, erstarrten Blickes
Die Lilien pflanzte auf dem Doppelgrab,
Das beide Deckte . . . weiß ich, wie ich's trug?
Auf jagte mich des Suchens tiefe Sehnsucht,
Zu finden Dich, Du totes Weib,
Dich Dir die Liebe, jene ewige Liebe,
Die nicht des Todes Hantle Band zerreißt,
So seft verknüpft, wie's mit mir Dir verband,
Doch in Irrewigfeit schon war und sein wird,
Wo Seele sich und Leib in Eins verfliegen,
Und nie sich trennen.
Auch Liebe suchte ich, nach jener Göttin,
Die nichts als Liebe weiß, nach jenem Reich,
Wo alles schweigt und nur die Liebe herrscht.

Und von der Seiten Baum floh Blatt um Blatt,
Die Jahre laufen weit, die Blüten fielen —
Und müde ritt ich einst durch öde Gegend
In schwerer Stadt, die Nacht war schwül und schwarz,
Die Wolken hingen tief, als füßten fie
Den Erdengrund, aus dem ein dumpfer Nebel
Mit giftigem Munde kroch, ich weiß nicht, was mich trieb,
Doch, war's ein feltsam Ding, es zog und zog
All meine Sinne, bohrte tiefe Stacheln
In meine Stirn, und wob gebeimnisvoll
Um all mein Denken fich. Durch fleinige Klüfte

Durch düsteraufgehende Fellenwaller ritt ich,
Durch Dornenhecken, denn es lockte mich
Und bangschweigend folgt' ich meinem Drange.
Sieben Fahnen mir entgegen, um das Antlitz
Der Männer Schnee geschlagen, stumm und strahlend, —
Sieben Männer, und ich zügelte das Roß
Und hielt das Roß vor meinem stummen Boten:
„Wohin führt dieser Weg mich, fagt's, seid ihr
Bekannt in dieser Gegend?" — „Golgatha",
„Nach Golgatha," fprach's mir zur Antwort, —
„Nach Golgatha," und folch ein bittres Weh
Schrie aus dem Wort, daß brach die Welt zusammen,
Kein willires Weh die fterbende Menschheit wüßte.
Und düfter wandte fich mein Roß ab,
Weil heilse Thränen feinen Zug entbrachen
Und feiner Antwort öffires Rätfel fahungen.
Nach Golgatha! ich ritt den felfigen Weg
Durch dunkle Nacht, ein irrender Stern nur brach
Aus grauer Wolkenlicht und wies den Weg.
Ein Hügel war's und in die gähnende Stadt
Hoch fich ein Kreuz, aus rohem Holz gefügt,
Von dem ein gelber Glanz herüberströmte.
Ein blaffer Leib — ich wankte, taumelte,
Vom Roß flieg ich, — ein leifes, müdes Stöhnen
Klang von der Höh und lauft hob fich der Leib,
Und leife, leife tönte es herüber:
„Vergieb, fie wiffen nicht, ach! was fie thun."
Da faßt' es mich mit flimmender Gewalt,
Und nieder ftürz' ich an des Kreuzes Fuß,
Die Arme rechte betend ich empor.
„O Klarheit Du, du unbekanntes Du,
Der Du dein elend Leben elend endest
An diesem Kreuz, du ftehft am düstern Rand
Des ewigen Nichts — dein leßtes Wort ift Liebe,
O Jag, — dein Geist ift hell, wie nimmer fonft,
Zwei Welten find's, die deines Geistes Arme
Umflammern, — fag', o fag', du mußt so willen,
Zu deine Seele fällt ein Strahl der Wahrheit:
Zerreiß die Wolken, die den Himmel decken,
Und mach zu Göttern uns, zerreiß das Rätfel,
Sag, was die Liebe ist!" Ich lauchte, lauchte,
Und immer banger horchte meine Seele,
Und immer banger laufchte ich empor,
Doch nur ein Schauer lief am blaffen Leibe

Des Sterbenden, ein heißes Stöhnen rang sich
Aus wogender Brust: „Sag, war es Liebe, Liebe,
Die große, weltumfassende, einzige Liebe,
Warum du stirbst?" Ich weiß nicht, war's sein Mund,
War es der Wind im rauschenden Geäste,
Es klang wie Ja, und wilder fuhr ich auf
Und warf empor den Leib: „So sahst du sie,
Die Göttin, weißt, was Liebe ist?"
Da sank der Stern, ein Wolkenwetter brach
Mit dumpfem Krachen über uns zusammen,
Wie Feuer loderte die Luft, die Luft zerriß,
Und durch die Lüfte schrie ein lautes Nein,
Ein qualenvolles, und er neigte sein Haupt:
„Die Liebe suchend, warf ich hin mein Leben, —
Umsonst, umsonst, die Liebe ist der Gottheit,
Hier giebt's nicht Liebe," — und er neigte sein Haupt,
„Es ist vollbracht."

„Nicht Liebe giebt's!" Entsetzen packte mich,
Entsetzen riß die Seele auseinander
Und schreiend fuhr ich auf:
„Nicht Liebe, wenn im Bann des Frühlingszaubers
Der Buhle von der Buhlin jungen Lippen
Des ersten Kusses süß Geheimnis raubt,
Nicht Liebe, wenn sie wirr und sinnentrunken,
Betäubt die wollustfeuchten Glieder kraftlos
Und sehnend in der Brautnacht Stunde beugt,
Nicht Liebe war's, da du mit mir vereint
Aus einem Kelch des Glückes Sonnen trankst? . . .
Nicht einer löste je das dunkle Rätsel,
Und suchend nur geht hier und da ein müder,
Ein hoher Geist und sucht und sucht die Liebe,
Bis ihm die Glieder dorren, das Aug' erblindet,
Bis ihm der Tod in Mark und Gliedern wühlt,
Des Blutes heißen Strom zu Eis erstarrt,
Bis daß er's sterbend fühlt: „Ich finde nichts,"
Bis daß er's weiß: „Ich such und such vergebens."

Es ist nicht Liebe . . . nur die ewige Gottheit
Kennt ihr Geheimnis und nicht eher löst
Das Rätsel sich, als bis in lichten Schleiern
Der Leib zerfließt im All, bis Alles Eins,
Bis Welt und Gott in einem Strom zergangen.

O Venus, Venus!
Zu Füßen dir abwerf ich Schild und Speer,
Und dieser langen Tage müden Rest,
Verflucht von dir, mit deinem Fluch behaftet,
Von unstillbarer Gier das Herz zerrissen . . .
Vergebens lebte ich . . . so nimm denn hin
Des Lebens letzten Trank, ich fühl's, ich fühl's,
Es webt der Tod um meine klopfende Stirn,
In meinem Herzen fühl' ich's stückweis brechen.
Ich bin's zufrieden . . . doch du, süße Welt,
Du nimm mich auf im Frieden deines Alls,
Laß mich vergeh'n in deiner holden Klarheit:
Vergebens lebte ich! . . .
Doch laß mich sterben, sterben nicht vergebens!

Die Rose fiel von meinem Haupt ...

Die Rose fiel von meinem Haupt, und alles ist nun ab-
 gethan,
Zu Sternen zieht dich nicht empor der Frauenliebe irrer Wahn.

Ausgoß ich meines Herzens Wein und Feuerglut in den Pokal
Der Frauengunst; der Becher sprang gleichwie zerschellt vom
 Wetterstrahl,

Glutaug' hinab! Dein Ruhm fällt hin welk wie das todes-
 blasse Laub,
Der Himmel, den du mir versprachst, verweht zu Wolken-
 dunst und Staub.

Welt, weich zurück! Mein Herz umfaßt als du weit andren
 Sonnenraum,
Trägt wol ein König niedren Sinns der Sklavin ihres
 Kleides Saum?

Ich lag in Thränen um ein Weib in schwerer dumpfer
 Mitternacht,
Da sah ich's wallen wie ein Meer, und hörte brausen Wogen-
 macht.

Es goß um meine Stirn sich mild ein maienblauer Mondenschein,
Es drang mit heißem Todesschmerz ein Schwert in meine
 Brust hinein,

Nun streif ich ab von diesem Leib das schmutzzerfressene Gewand.
Glutaug' hinab! Welt weich zurück! In Gottesglut bin ich
 entbrannt.

Empor, empor durch dunklen Graus! In meine Augen
 flutet Licht,
Ich sehe schimmern Sonnenpfad — ich schaue Gottes Angesicht.

Auf dunklen Geistesflügeln ...

Auf dunklen Geistesflügeln schwebte ich über der Welt,
   Und Blitze lohten um mein Haupt, weit lag die
     Nacht erhellt.

Und fließen sah ich den düstren Born, dem alles Irdische
     entbricht,
Aufstieg von Blut ein warmer Dunst, und Thränen netzten
     mein Gesicht.

Ich sah ein weites Totenfeld, ein trümmerübersätes Land,
Das Elend schritt einher im grauen pestdunsthauchenden
     Leichengewand.

Und Flammen und Feuer sah ich lohn und ringsum zehren
     eure Lust,
Ich sah die Sünde trunken liegen an eurer wollustatmenden
     Brust.

Wie Höllenhand anfaßt' es mich, zornvoll schrie ich zu
     Gott empor:
Was führt uns aus der dunklen Nacht? Du zeig' das licht-
     umfloßne Thor.

Was bleibt uns treu, wo alles hier verweht im wallenden
     Sündenrauch,
Was ist's, das unsere Herzen kühlt, gleich lindem Gottes-
     frühlingshauch?

Und leise zog's in meine Brust gleich jungem Maienmorgenschein
Und eine Thrän' entfiel dem Aug' und leise klang's: Die
     Sehnsucht allein!

Zu Gott.

Wie über sturmgejagten
    Nachtwirren Wassern
Einsam der Mond wandelt
Durch Wolken verdeckt,
So über den Welten
Schreitet Gott dahin.

Unser Auge schaut dich nicht,
Denn blind von den Lüsten
Des staubgeborenen'
Sündigen Leibes
Hängt es am Boden.
Ueber uns wallt dicht wie Bergnebel
Nur Dampf und Rauch,
Aufqualmend vom Blut,
Das die Sünde vergossen,
Wallt zwischen dir und uns,
Daß höhnische Lippen murren:
Es ist kein Gott!

Denn alle Liebe, die du erschaust
Unter den Menschenkindern
Ist Gemeinheit, Ekel
Des Weibes, des Mannes Glut,
Verlöschend im Schlamm der Lüste,
Und keine Freude ist,
Die nicht in Thränen geboren, in Thränen stirbt

Ich aber erkannte dich
In dunkler Thränennacht,
Da Sehnsucht in mir schwoll,
Und mild wie ein Thautropfen
In dürres Laub
Fiel in mein Herz dein Erkennen.

Ich bin entbrannt in Liebe zu dir,
Ich lodre wie die Sonne,
Ich glühe wie ein Schwert
In sausenden Feuern.

Empor, empor durch den Dampf,
Der Lüfte finsteren Graus!
Flügel! Flügel!

Der du dein schönes heiliges Antlitz
Verbirgt uns schmerzbeladenen,
Mühesalleidenden
Unseligen Menschen,
Willst du in Qualen uns lassen?
Ewig verschließen für uns dein Herz,
Nur allein trinken
Vom Borne deiner Liebe?
Wie eine kalte schöne Geliebte
Dich an dir selber berauschen?

Aber ich will dringen zu dir
Über die Welten hinaus,
Und an den morgigen Thoren,
Wo der Leib zerfällt
In mürben Staub,
Soll meine Seele, umflutet
Von strahlenden Ätherfeuern,
Mit dir ringen, Hüfte an Hüfte,
Auge in Auge glutend,
Nicht lassen von dir,
Bis du mich gesegnet.

Daß ich niedersteige
Ein besserer Prometheus,
In beiden Händen
Schwertragend eine feuerglühnde
Dampfende Opferschaale,
Gefüllt mit den krystallreinen
Leuchtenden Wellen deiner Liebe.

Daß ich sie ausgieße
Über die dürstende Erde,
Über die armen und elenden
Leiderfüllten Menschen,

— 49 —

Daß aufgehe aus dem feurigen Samen
Der Gottesliebe
Goldstrahlend, flammumglutet
Der Baum ewiger Freude.
Zuvorzwingen will ich mal, Gott,
Kämpfen um Deine Liebe,
Ober in mein Herz
Falle mit treffendem Stoße
Der Wahlsinn,
Wie ein Blitzstrahl ausbrennend,
Feuer gegen Feuer,
Die Glut der Gedanken.

Auf der Fahrt nach Berlin.

Von Wolfen kam ich, Jchwerer Haideschrift
Entflog mich noch, vor meinen Augen hoben
Sich weiße Birken in die klare Luft,
Von lauten Schwärmen Krähenvolfs umstoben,
Weit weit die Haide, flüget gelben Sand's
Und hinstüberwachſne Wallerfolfe,
Fern zieht ein Schäfer durch des Sonnenbrand's
Brauniglühendes Land verträumt mit seinem Volke.

Von Westen kam ich und mein Geist umspann
Wehmütig rasch entschwimmende Jugendtage,
War's eine Thräne, die vom Zug mir rann,
Klang's von dem Munde wie fehnſüchtsbange Klage? ...
Von Westen kam ich und mein Geist entflog
Voran und weit in dunkle Zukunftstunden ...
Wol hub er mächtig fich, fein Flug war hoch,
Und Schlachten fah er, Drang und blut'ge Wunden.

Vorbei die Spiele! Durch den Nebelschwall
Des grauenden Septembermorgens jagen
Des Buges Räder, und vom dumpfen Schall
Stöhnt, dröhnt und lauft's im engen Eisenwagen
Gerüttelt Wollen, weinbourdweißlicher Wald
Und braune Felſen ziehen weit vorüber,
Dort graut die Havel, und das Waller schwallt,
Die Brücke, hei! dumpf brauft der Bug hinüber.

Die Senfter auf! Dort drüben liegt Berlin!
Dampf wallt empor und Qualm, in schwarzen Schleiern
Hängt tief und zieht die Wolke drüber hin,
Die bleiche Luft drückt schwer und liegt wie bleiern ...
Ein Flammenheerd darunter — ein Dufan,

Von Millionen Feuerbränden lodernd, . . .
Ein Paradies, ein süßes Kanaan, —
Ein Höllenreich und Schatten bleichvermodernd.

Hin donnernd rollt der Zug, es saust die Luft!
Ein Anderer rast dumpfrasselnd risch vorüber,
Fabriken rauchgeschwärzt, weit durch den Wasserduft
Glänzt Flamm' um Flamme, düster, trüb und trüber,
Engbrüst'ge Häuser, Fenster schmal und klein,
Bald braust es dumpf durch dunkle Brückenbogen,
Bald blitzt es unter uns wie grauer Wasserschein,
Und unter Kähnen wandeln müd die Wogen.

Vorbei, vorüber! und ein geller Pfiff!
Weiß fliegt der Dampf, . . . ein Knirschen an den Schienen!
Die Bremse stöhnt laut unter starkem Griff . . .
Langsamer nun! Es glänzt in allen Mienen!
Glashallen über uns und lautes Menschenwirrn, . . .
Halt! Und „Berlin!" Hinaus aus engem Wagen!
„Berlin!" „Berlin!" Nun hoch die junge Stirn,
Ins wilde Leben laß dich mächtig tragen!

Berlin! Berlin! die Menge drängt und wallt,
Wirst du versinken hier in dunklen Massen? . . .
Und über dich hinschreitend stumm und kalt,
Wird Niemand deine schwache Hand erfassen?
Du suchst . . . du suchst die Welt in dieser Flut,
Suchst glühnde Rosen, grüne Lorbeerkronen, . . .
Schau dort hinaus! . . . Die Luft durchquillt's wie Blut.
Es brennt die Schlacht, und Niemand wird dich schonen.

Schau dort hinaus! — Es flammt die Luft und glüht
Horch, Geigenton zu Tanz und üpp'gem Reigen!
Schau dort hinaus, der fahle Nebel sprüht,
Aus dem Gerippe nackt herniedersteigen —
Zusammen liegt hier Tod und Lebenslust,
Und Licht und Nebel in den langen Gassen —
Nun zeuch hinab, so stolz und selbstbewußt,
Welch eine Spur willst du in diesen Fluten lassen?

In der Einsamkeit

Derab fällt wie fortwandernder Stimme Saulen
Ein verworrener Lärm der Zielumwelkfladt,
Und ins Ohr mir tönt mir fetten
Ttod; ein Ruf und mildes Kinderlallen.
Codte der erste Majenmorgen
Stume jubelnde Menschenfluten
Fort und weg zu golddjgregebnen Wallern,
In das weichlich flütternde Frühlingsgrün;
Wallen alle, laudjzenden Herzens,
Die zum Gnadenbilde der Himmelsfürftin
Singende Mönche mit leisem Raunern wallen.
Doch mich wirft die glühende Flut zur Seite,
Da in Schmerzen erschauerte meine Seele,
Und ich wandle, Dunkel im Herzen,
Wandle die Schritte, denn ein jedes
Liebeatmende Frauenantlitz
Mahnte mich an deine Schönheit,
Deine traurenden Küsse und die Enge
Deines Herzens.
Nimm mich auf, nimm mich auf,
Einsamkeit in deinen Dom,
Laß eintreten mich, Friedsuchenden,
Und vor deinem Altar in Opferschalen
Ausgießen mein Blut und meine Thränen.
Zu deinen Füßen nimm mein Haupt!
Über mir nur Sternflammen
Und ziehende Wolken . .
Hier verrinnt ich im weiten Raum,

Wandle wie ihr, leuchtende Himmelsseelen,
Allein — allein in endlosen Welten.
Einsamkeit, wie hebbe ich euch vor dir,
Sturz vor dir, wie die erste Zülle
Schritt im Garten vor nachziehenden Dünternissen.

Schauernd vor dir barg ich mein Haupt
In der Frauen weißem Zufen,
Suchte dich zärtliche Liebe,
Helles fühles Morgenwasser du,
Daß ich in dir baden wollte
Und gesunden zu einiger Wunderfreude!
Liebe! Lästige Zwielichen ihr,
Zolchmuth mit Zügen und falschen Schwüren,
Jus Feuer, ins Feuer!
Dorüber wallen an mir Gestalten — —
Hinunter, hinunter ihr Gleißenden,
Nicht lockt ihr mich wieder!

Und auch du!
Waffengenossin, mit dem ich stets zusammenstand,
Umquallmt vom Rauch der Schlacht,
Du, mein Schild Du, mein Streitbeil —
Ein Mantel deckte uns, ein Becher labte uns —
Wir beide, Sweige am selben Baum,
Drüber ver, —
Auch anderen schöneren Sterne
Ausbreiten du die opfernden Hände,
Und von mir fliehen deine Augen.

Allein, allein!
Feinde ringsum!
Dicht wie wetterschwarze Wolken
Dringen sie gegen mich heran.
Hier im Zufen, draußen im lärmenden Wohlstrom,
Umlagern mein Zelt wie Raubthiere.
Caufend Pfeile sind gerichtet gegen mein Herz,
Caufend Schwerter flammen wider mich;
Denn der Morgen mit blassem Munde mich küßt,
Seht sich fahle Sott zu mir,
Und wenn der Abendnebel fällt,
Zieht mein Haupt im Schoße des Leides,

Aus wirren Traume banger Erinnerung,
Weckt mich der Schmerz zur Nachtzeit.

Nun wardst du zur Freundin mir, Einsamkeit,
Zur hohen schönen Geliebten,
Dir tönt mein Lied, atmend
Die Schauer der Zukunft.

Deine Hand liegt auf meinem Herzen,
Deine Küsse fallen auf mein Haupt,
Meine Seele zittert in deinen Armen.

Du Gebärerin großer Gedanken,
Du Erzeugerin weltstürmender Thaten,
Du gießt in unseren Busen den Schmerz,
Der wegfegt wie Lenzsturm
Herb, groß, rauhatmend
Die welken Blätter von den Straßen,
Den Staub des Alltags.
Des Herzens Acker zerreißt du in wilde Furchen,
Daß tausendfach munter hervorschießt
Der gold'ne Weizen kühnen Wollens.

Du singst uns vor mit düstrer Stimme
Das uralte herbe Lied vom Menschenschicksal:
In die Welt nackt gestoßen
Einsam stehn wir auf öder Wacht,
Jeder Feind dem anderen,
Allein Kämpfer, allein Sieger!
Eigne Kraft nur ist unser Schwert,
Allein nur fällst du, und kein Lebendiger
Tau'scht je die goldige Fülle seines Tages
Voll erhabenen Mitleids
Mit den Schatten deiner Todesnacht.

Einsamkeit!
In deinem Schooße lag Homers ehrwürdiges Haupt,
Und deine Hand ruhte auf Caesars Scheitel, —
Glühenden Auges und brennenden Herzens
In der Wüste suchte dich der Welterlöser,
Und gescheucht vom rotfunkelnden Wein,
Brach stammelnd vor dir ins Knie
Der gewaltige brittische Herzenserschüttrer.

Gieße du Feuer in meine Seele,
Und Frost in mein Gehirn,

Bade mich im Drachenblute,
Und unverwundbar durch dich
Hebe ich mich auf vom Lager
Und frag meine Waffen jauchzend
Der Welt entgegen.

Eine ganze Welt in Waffen,
Eine Welt in Waffen wider mich
Wider mich allein.

Fliege empor mein Geist,
Deine Strahlenden Flügeln hebe zum Himmel auf,
Und einen Strahl der Sonne bringe mir wieder,
Einen Stern mir von deinem Himmel
Erflehe ich, dunkle Zukunft!

Fliege empor, mein Geist,
Deine mächtigen Zungen wirf in der Zukunft Nacht!

Wirbelt auf dunkler Staub,
Drängen an tausend bitter Fangen,
Bohren sich tausend Pfeile in meine Brust,
Und schmerzzitternd stürzt mein Leib
Nieder auf blutigen Grund.

Nichts als Elend gewinn ich,
Nichts als jammervollen Tod,
Und vielleicht noch einen Schimmer der Morgenröte,
Noch ein einzig Lorbeerblatt.

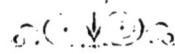

Herbsttag in Berlin.

Die trüben Schwaden der Luft, schwer senkt sie die Brust
Der Atem wie erstickt; in wirren Wogen
Wälzt sich brandschmutzig Winternebelschiff
Stumm durch Berlins weitklingstrotzige Gassen.
Die Erde naß und aufgeweicht vom Thau,
Weiß dampft der Rauch aus ihren Wasserfellen,
Und brennt die Haut mit tausend feinen Nesseln,
Dazwischen flüstert der Wind feucht, kalt und rauh.

Dorthin der Weg! In nasses Straubwerf faßt
Die Hand frostzitternd, schwere Tropfen fallen
Herunter aus der Höh' von Zweig und Ast,
Um die sich welke braune Blätter ballen.
Der Nebelthau durch alle Lüfte spricht,
So dick sein Dunst, daß wie in fernen Weiten
Dahin die dunklen Menschschatten gleiten,
Hier — dort ein Licht im gelb im Nebel glüht.

Blutführer Abendhimmel, wie vom nordischen Licht
Trüb überschwommen, du Spiegler meiner Seele,
Ich heb zu dir mein fahles Angesicht,
Ein Stöhnen ringt sich nur aus meiner Kehle.
Dort drüben tost der dumpfe Ocean
Der Riesenstadt in ewig düsterm Brausen, —
Ich weiß es nun, wie in der Fluten Sausen
Flimmer spätt zerrissen Kahn an Kahn.

Was soll ich noch? Der feuchte Nebel friert
Durch mein Gebein, Frost schüttelt meine Glieder, . . .
Und Jünger dumpf und weh! Der neue Tag gebiert
Zur neuere Qual! Und bald reißt's doch mich wieder!

Du mirgst an meinem Hals, Du machst Not,
Ich fühl den Moderatem deines Mundes,
Die lang noch riecht ou, und ich sterbe Eines
Elenden unbewohnten Strassentods.

Du meiner Seele Feuer — Achte nun!
Licht meiner Jugend — Schwarz vom Staub umflogen!
Du Herz — ein Schlachtfeld, wo nur Tode ruhn,
Ihr lichten Hoffnungen — verrecht, betrogen,
Sturmlose Knabenträume, die, wie Schaum
Vom starren Wind zerfetzt, von dannen fliegen, —
Gerrissne Fahnen, — Kämpfe ohne Siegen, —
Nichts ist das Leben als ein wüster Traum.

Einig durch alle Seiten gellt der Schlacht
Wildroter Waffenschrei in blutigen Lüften,
Und ewig liegt des Elends stumpfe Stadt
Erstickend auf der Erde Leichengrüften.
Not, Gram und Todesschmerz, ihr seid allein
Gemeinsam allen, eure Tempel schlimmern
Allzeit vom dampfenden Blut, verströmt im grimmen
Und zornigen Kampfe um ein güstres Sein.

Dein Glanz, o Schönheit, wird umstricht vom Staub,
Erstickt von niederer Luft; mit stumpfen Sinnen
Carpt hin die Menschheit, und ihr Gott der Staub!
Licht, deine feuergoldnen Strahlen rinnen
In Sümpfe nur! Du warme Gottesglut,
Mitleidige Liebe, deine Ströme quillen
Auf Felsstein und in Dornen, nimmer schwillen
Die dürren Zweige von des Frühlings Blut.

Erkenntnis! Wahrheit! Einsam glüht das Licht
Von euren Sternen her aus dunklen Weiten
Trüb durch den Wolkenflor, schwarz, eng und dicht.
Und keine Strasse wird hinauf uns leiten.
Warum? Wozu? Die Seele schreit es stumm,
Warum? Wozu? Des Lebens Ocean unnütz,
Warum? Des Todes tiefe Welle spült
Hoch über uns hinweg. Wozu? Warum?

Was hoff ich noch? Was mir im Zufen brennt,
Und ich in tiefster Seele mächtig fühle,
Die Sehnsuchtsschmerzen, die kein Name nennt,

Ach, all mein Schrein verhallt in dem Gewühle.
Was ich so heiß empfinde, wird zerfetzt
Von Geißelhieb des Spottes, kaltem Hohne, —
Und zweifle nicht! Das Kreuz nur und die Krone
Von blutgen Dornen wird auch dir zuletzt.

Was hoff' ich noch? Aus trübem Nebel scheint
Der Brücke fahles Licht . . . Der Wind weht nasser,
Und an den Pfeilern leise singt und weint
Mattblinkend dir dein schwarzes Todeswasser,
Ein Dampfer schleppt — im Nebel gellt sein Pfiff! —
Der Kähne langen Zug hinab zu Thale, . . .
Fiel ich in seine Räder, ha! mit einem Male
Zermalmte meines Leibes Boot ihr Griff.

Gehetzt gleichwie ein Wolf! Gönn' ich den Sieg,
Den letzten Sieg der Welt, daß sie den Fänger
Selbst in den Hals mir treibt? Verlor'n hab' ich den Krieg,
Soll'n über diesen Leib noch treten meine Dränger?
Entrückt, gleichwie ein Trauerlied entschwillt,
Den Wenigen, die um mein Schwinden weinen,
Hin geh' ich spurlos, wie in Felsgesteinen
Und Büschen sich verkriecht ein sterbend Wild.

*   *   *

Auf meine Schulter legt sich eine Hand,
Ich spüre Feuerodem, seh' ein Leuchten
Ringsum und goldnen Schein, - als wären entbrannt
Die Wassernebel dort, die schmutzigen, feuchten.
Und dennoch Niemand! Einsam und allein
Lehn ich am Brückenrand, . . . wer bist du, Schatten,
Der unsichtbar du meine todtesmatten
Und blassen Glieder stärkst mit neuem Wein?

In neuem Atem hebt sich meine Brust,
Und junge Kraft fühl ich, die Not zu tragen,
Geduld! Geduld! Es kommt der Tag der Lust,
Verzweifle nicht! Dein Alles mußt du wagen!
Geduld! Geduld! Es treibt der Menschheit Schiff
Nach tausend Wettern doch zu jenem Hafen
Der Seligen Inseln, wo die Stürme schlafen,
Die Welle goldigleuchtend spielt am Riff;

Wo bunt das Laub von tausend Blüten scheint,
Der Duft rings strömt von Myrten und von Sandeln,
In sel'ger Liebe und im Glück vereint
Auf grünem Beet die Menschen lächelnd wandeln,
Zum Tempel ziehn im seidenen Gewand.
Wo in den farbenbunten Marmorhallen
Erhabner Dichter Worte jubelnd schallen
Und Saitenspiel, bewegt von sanfter Hand.

Das Goldgewölk ist leuchtend aufgethan,
Und Engel steigen auf und steigen nieder,
Weit offen liegt zum Himmelsdom die Bahn,
Kein Dunst und Nebelflor verhüllt sie wieder . . .
Enthüllt die Rätsel, und kein Frager schreit
Mit hungerndem Blick und todesfahlen Wangen
Um Antwort . . . alle Sehnsucht und Verlangen
Ward Ruhe, Glück und stille Seligkeit.

Geduld! Geduld! Und rollte blutbedeckt
Jahrtausend um Jahrtausend noch vorüber
Von Waffensturm und Feuerrauch durchschreckt —
Geduld! Geduld! Sie stürmen doch vorüber.
Uns ward der Kampf, wir ziehn im Wüstensand
Verdorrnden Mundes . . . doch von Bergesgipfeln
Schaun wir in fernem Glanz, von Palmenwipfeln
Grün überrauscht das weindurchströmte Land.

Das Herz durchleuchtet von der Sonnenglut,
Die Brust durchtränkt von herben Bergesdüften,
Das Auge schwärmend, und mit hohem Mut
So kommen wir hernieder aus den Lüften
Und von den Höhen . . . mit Prophetenmund
Und Sehersprache reden wir zum Volke, —
Was ihm verhüllt durch die schwarzblut'ge Wolke
Der Not und dumpfen Qual, thun wir ihm kund.

Wohl hört kaum Einer unser Zauberwort,
Dumpf ist das arme Volk, fühlt nur den herben
Trank dieser Wüste . . . wie ein groß Verderben
Zerschmetternd reißt die Weggenossen fort . . .
Betäubt mit tollen Säften seine Qual,
Behängt das Haupt mit gift'gen Schierlingskränzen,
Und rast dahin in weibisch üpp'gen Tänzen
Um seinen Gott, den goldenen Baal.

Wol hebt sich gegen uns sein Zorn empor.
Wild wie ein Panther, Spott und hohnvoll Lachen
Geht laut aus seinem heißen Munde hervor.
Die schroffe Gift aus einer Schlange Rachen;
Uns ward der Kampf, in unsern Zelten fährt
Zur Pferd um Pferd . . . zerschneidend unsere Knochen,
Gerfest, zerrissen stürzen wir, durchstochen,
Daß unser Haar den staub'gen Boden kehrt.

Einzjeugen einem kommenden Geschlecht
Ringehn wir arm und bloß, — so laß dem Klagen!
Flieh nicht die Schlacht! Pflicht ist es dir und Recht,
Daß du die hellen Waffen froh mußt tragen.
Was thut's, ob du, von Wunden überfällt,
Dich lehnst nach Ruh und Schlaf . . . Du sollst nicht träumen,
Dich auf Seines Schloß, zerstreuten Säumen
Der Gott voll Mitleid selber niedermäht.

Uns wird nur Not und Kampf und Sterbensqual —
Doch einst, doch einst, aus unseren Gräbern steigen
Wir noch einmal empor zum Sonnenstrahl,
Das Haupt umkränzt mit vollen Lorbeerzweigen.
Ha! um die Stirn weht sich ein goldner Glanz,
Licht ward des Alltheim der vernarbten Wunden,
Der Tod und der Verzweiflung herbe Stunden
Umschmelzen uns wie der Panzerringe Ehrenkranz.

Euch Kommenden vorauf fliegt unser Geist,
Ein Feuer in der Nacht, der euch die Pfade
Zum grünen Wunderland der Seligen weist,
Zum blühenden Land der Liebe und der Gnade;
Weit öffnen wir für euch das goldne Thor
Der Himmelsstadt, laut auf die sonnigen Matten
Und hinnen pflanzen wir die leuchtenden Standarten
Jubelnden, jauchzenden Klanges: „Empor! Empor!"

Am Morgen.

Fahler Morgenglanz,
Graues Dämmerlicht,
Und im Spiegel dort
Starrt mein Angesicht.

Von dem leßten Kuß
Bebt mein Mund noch bang,
Horch, noch tönt sein Schritt
Dumpf hinab den Gang.

Auf der Treppe flüchtig
Leise noch sein Fuß,
Schwer die Thüre fällt —
Weh ein Todesgruß!
Weh ein Todesgruß!
Und der Traum zerrinnt . . .
In die heilige Stadt
Stöhnt der Morgenwind.

Eben noch so reich
An verliebter Glut,
Jetzt so arm und leer,
Und verstört mein Mut!

Ahnungsvoll mein Blick,
Und mein Kopf so schwer, —
Alles gab ich hin,
Und ich hab' nichts mehr.

Und belog ich's noch,
Wiecer gäb' ich's dir,
Zückte dein Liebesflug
Wund und Seele mir.

Du meine Sinfernis,
Du mein Morgenrot, . . .
Du meine Lebenslüchte,
Du mein bitter Tod.

Dennoch weiß ich's wohl,
Aus den Nebeln dort
Webt in meinen Tag
Gott und Schmach sich fort.

Finster starrt mich an
Ein versterrtes Haupt,
Meine Zukunft du,
Schlangen umringelt.

Un so wenig Lust,
So viel Leid erfor'n —
Mutter, Fluch auf dich,
Daß du mich geboren!

Fluch auf dich, du Welt,
Die so rasch verdammt,
Was durch die Name
Ringsum glühend flammt.

Weh, mein junges Haupt!
Mein zersflietes Herz!
Mein zersflimetter Fühlen!
Sehnsucht niederwärts!

Fühlt ich ganz allein
Dich nur ganz allein,
Unter Jammer und Chränen
Denk' ich doch nur dein.

Weh, daß ich bir nur sein,
Immer nur dein gedacht,
Der du Licht und Leben
Wirfst in dumpfe Nacht . . .

Verzweiflung.

Feuer verzehrt meinen Leib,
Gift wühlt im Eingeweide, —
O du Hunger, du wilde Gier
Nach Brod für uns Beide!
Für mich und dich, weinendes Kind in meinen Armen!
Fahl sind deine blauen Augen, deine warmen
Lippen so kalt! . . . Warum wardst du geboren?
Zu Qual und Verzweiflung! Ewig verloren
Zu Leid und Schmerz! Oh, eine Stunde
Des Todes ist besser, denn die lange wunde
Reihe blutiger Lebensjahre.

Sieh, wie das goldenklare
Frühlingswasser über weiche Wolken fließt,
In meiner Heimat Bergen,
Wo das Edelweiß sprießt,
Strömt aus dem dunklen Felsenspalt
Seiner Quellen Gewalt.
Dort hätten wir beide genug zu schmausen,
Doch weit, viel zu weit ist's, wo die Brüder hausen,
Würden auch mit bösen Worten und großen
Schelten die verlorne Schwester von sich stoßen.
Im Wasser dort ist's ruhig, mein Kind,
Dort spielst du mit goldnen Fischlein,
Sie schlüpfen durch die Fingerchen geschwind,
Sind stumm und können dir auch nicht sagen,
Wie deine Mutter fiel
Einem Buben zum Spiel,
Und was sie geschrien und was sie ertragen . . .

Im Wasser unten sind grüne Augen
Mit bunten Schnecken und glitzernden Steinen,
Und auch die blauen
Himmelswolken, die sonnenreinen.

Oh, in den Himmel will auch ich,
Sollst auch Du, mein armes Kind, . . .
Nicht das Wasser, — der Himmel lockt mich,
Zieht mich — zieht mich, — mein Kind
Langsam zu sich hin . . .
Faßt meinen Armen, faßt meinen Sinn . . .
Umschmeichelt mich weich und lind . . .
Mutter!!
Bet für dein armes Kind — — —
Gott sei gnädig, mir Sünderin!

Anna.

Die Drossel ruft vom Lindenbaum, die Sonne steigt herauf
    mit Lust,
Laß einmal noch mein blasses Haupt sich lehnen müd an
    deine Brust.

Noch einmal laß mich deine Hand inbrünstig küssen heiß
    und schwer, —
Nicht deinen Mund! Nicht deinen Mund! Ich ließe sonst
    dich nimmermehr.

Mai-Morgenwind lacht heimlich leis und raunt im grünenden
    Spalier,
Doch wenn der Abend niederfällt, dann bist du, Heinrich,
    nicht mehr hier.

Nein, nein, dein Mund und Auge lügt! Es weiß dein
    Herz so gut wie ich,
Und wenn du einst auch heimwärts kehrst, mein Auge schaut
    nie wieder dich!

Sonst logst du nie, ich weiß es wohl, sprachst niemals von
    dem goldnen Ring,
Du, Heinrich, bist so klug, und ich ein arm unwissend häßlich
    Ding.

Ich wußt' es wohl, ich würde nie dir dienen treu und still
    als Frau,
Denn deine Hand ist weiß und zart, und meine ganz von
    Arbeit rauh.

Ich weiß es wohl, wie du dich stolz verzehrst nach Ruhm
    und Sonnenschein,
Und in der Reichen helles Schloß, ich Arme darf nicht mit
    hinein.

Ich wußt' es wohl, ich wußt' es wohl vom ersten Anfang
an, daß du — — —
Mein Unglück, Schmach und ew'gen Tod, ach alles fügtest
du mir zu.

Ich wußt' es wohl, daß so es kam, Elend und Schande
über mich, . . .
Und dennoch, dennoch kam's, denn ach! ich liebte gar zu
innig dich.

Die Drossel ruft vom Lindenbaum, die Sonne kommt herauf
mit Lust,
Laß einmal noch mein blasses Haupt sich lehnen müd an
deine Brust.

Weh, meinen Busen preßt und sprengt's, ein Feuer lodert
schwül und heiß,
Und unter meinem Herzen quillt und regt es sich und
athmet's leis.

Und fällt hernieder jene Nacht, und lieg' ich blaß und
leidenswund,
Dann Heinrich, bist du fern und küßt — ach, küßt wohl
einen schönren Mund.

Und dennoch ist's von deinem Fleisch, und dennoch lebt's
von deinem Blut,
Und dennoch sieht's dein Auge nie, das treu und zärtlich
auf ihm ruht.

Nur Thränen fühlt es, fallend schwer, Glut-Tropfen, auf
sein Angesicht,
Nur Seufzer hört's und leisen Schlag des Herzens, das im
Tode bricht.

Und eh's geborn, ertönt ihm schon des Vaters und der
Mutter Fluch;
Wärst du doch todt, mein Kind, mein Kind und lägst du
stumm im Leichentuch . . .

Wir waren lang zusammen nun, Heinrich! ich glaub', 's ist
schon ein Jahr,
Da küßtest du zum ersten Mal verstohlen mein lichtblondes
Haar.

5

Nun lacht heimlich Maimorgenwind, und rauut im grünen=
den Spalier,
Und wenn der Abend niederfällt, dann bist du, Heinrich,
nicht mehr hier.

Und bist du fern, ich will ja nicht, daß Thränen du um
mich vergießst,
Doch denk daran, wie heiß um dich aus meinem Aug' die
Thräne fließt . . .

O denk' zuweilen, wie mich Not und Unglück packt so rauh
und hart,
Vergiß es nicht, daß ich aus Liebe zu dir so sehr unglück=
lich ward.

Und führst du einst ein Fräulein dir zur Hochzeit und zur
Kirch' hinab,
Zum letzten Male denke dann, wie der Wind geht über
ein fernes Grab.

Doch sage nie, küßt du voll Glut den Mund und ihrer
Augen Schein,
Sag' nicht, daß du von mir gegangen, weil ich so schlecht
und so gemein.

Und spotte du am Schenktisch nie, wie man am Schenktisch
sonst wohl thut,
Der armen Dirne aus dem Volk, die nur um dich hingoß
ihr Blut.

Denn thätest du's, denn thätest du's, dann wollt' ich sprengen
wohl mein Grab,
Und schmetterte Krankheit und Wahnsinn auf dein verfluchtes
Haupt herab.

Dann werf' ich Blut und Flammenglut wohl auf das Liebste
was du hast,
Dann send' ich in das Herz und Hirn die ganze Hölle dir
zu Gast.

O Süßer, Liebster, zürne Du, o zürne nicht über solch ein
Wort, —
Die Sonne steigt, die Stunde naht, und du gehst ewig von
mir fort.

Und was ich wollte, Liebster du? Ich wollte nur, sei nicht
betrübt;
Du hast nicht Schuld, ich segne dich, ich hab' dich ja so sehr
geliebt.

Ich segne dich für jedes Wort, für jeden Kuß von deinem
Mund,
Und treff' dich nie so harter Schmerz und furche deine
Seele wund.

Die Sonne steigt, die Sonne glüht . . still, armes Herz, die
Glocke schlägt,
Der Wagen rollt, der Wagen rollt, der dich auf ewig von
mir trägt.

Noch einmal laß mich deine Hand inbrünstig küssen heiß
und schwer,
Nicht deinen Mund! Nicht deinen Mund! Ich ließe sonst
dich nimmermehr.

5*

Novembertage.

Novemberwind, Novemberwind! Der Himmel grau, der
       Wald entlaubt,
Die Luft so kalt, die Luft so schaurig, — stumm lag an meiner
    Brust dein Haupt.

Dein Haupt, du, deren Namen nie mein Lied und nie mein
       Mund bekennt,
Obwohl mein Herz doch alle Zeit für dich in heißer Liebe
    brennt.

Dein Antlitz fahl und blaß gleich wie der Wintersonne
       kalter Strahl,
Dumpf pochte deines Herzens Schlag, wie Grablaut klangs
    voll banger Qual.

Und stets bei Tag und in der Nacht, und stets in Lust und
       stets in Schmerz
Tönt deine Stimme in mein Ohr und greift mit Dornen in
    mein Herz:

„Wend' du das Auge von mir ab, und küß' mich nicht so
       voller Glut,
Du weißt ja nicht, wie weh dein Kuß, wie deine Liebe weh
    mir thut.

„Schaust du mich an, erschauert mir das Herz vor Angst und
       bittrem Weh,
Und meine arme Seele zittert, wenn ich in deine Augen seh.

„Wohl fühl ich hier, wenn es mich drängt, und lieg' ich
       ohne Schlaf und Ruh,
Daß ich ohn' dich vergehen muß, denn all mein Glück allein
    bist du.

„Die Arme möcht' ich breiten aus und halten dich und küssen dich,
Doch längst vergangne Tage drängen sich dunkel zwischen dich und mich.

„Vor meiner Seele steigt es auf, verflossen ist schon Jahr um Jahr,
Doch hebt sich's auf vor meinem Geiste so schaurig und so düster klar.

„Es war in erster Jugendzeit, mein Herz voll lauter Blütenschein,
Da zog der erste Liebestraum in meine trunkene Seele ein.

„O frag' mich nicht, wie's dann so kam, stumm wend' dich ab, schau mich nicht an,
Ich kann nicht deine Thräne sehn, du herzgeliebter teurer Mann.

„Einst kam die Nacht, von Rosenduft berauscht, und weiß vom Mondesglanz,
Die Nachtigallen schluchzten süß, und die Elfen wiegten sich im Tanz.

„Die Winde wallten sacht dahin, und fernher eine Flöte klang,
Die Wasser rauschten halbverträumt am schattendunklen Waldeshang.

„Da lag sein Haupt an meiner Brust, mein Herz ward weit, mein Herz ward voll,
Und er küßte mich, und er küßte mich! Und dunkle Sehnsucht in mir schwoll . .

„Die laute Welt versank vor mir, im Nebel schwanden Zeit und Raum,
Und süßer Schlaf kam über mich, ein todesschöner bitter Traum.

„Doch als im Osten der Morgen sich hob, o wie grau, o wie schwer, o wie kalt der Tag:
Von Thränen naß mein Angesicht, dumpf klopfte meines Herzens Schlag.

„Er ging davon, ich sah ihn gehn, gleich einer Wolke dumpf und schwer,
Er ging und schaute sich nicht um . . . ich sah ihn nimmer
-- nimmermehr.

„Doch als im Osten der Morgen sich hob, o wie grau, o wie
schwer, o wie kalt der Tag,
Mein Glück nahm er und ließ mir nichts zurück als Schimpf
und bittre Schmach.

„Doch fluch' ihm nicht! Schwer fiel die Hand des Himmels
auf sein schönes Haupt,
Des Herzens Glocke tönte aus und längst ist sein Gebein
verstaubt.

„Der Wahnsinn fiel in sein Gehirn und löschte aus die heiße
Glut,
Gras wuchert an dem stillen Ort, wo meine erste Liebe ruht,

„Doch ich! Doch ich! Nein, wende nicht dein Antlitz einmal
noch zurück,
Verloren hab' ich auf ew'ge Zeit, verloren Liebe, Lust und
Glück.

„Du meine Sonne, du mein Tag, du meiner Zukunft süßer
Schein — —
Doch geh hinfort, doch geh hinfort . . . Nicht länger darfst
du bei mir sein . . ."

*   *   *

„ „Wie schwer und bang drückt mir das Herz, wie bitter weh
thut mir dein Wort
Und Sonnenlicht und Sonnenglanz zieht trüb aus meiner
Seele fort.

Von Seufzern schüttert deine Brust, als wollte sie zerspringen dir.
O wie arm und elend, du mein Liebling, wie elend sind
nun beide wir.

Der Nebel kommt, die Wasser ziehn, und Finsternisse dräu'n
mit Macht,
Licht! Licht! O säh ich nur ein Licht in dieser todesdüstren
Nacht.

Ich schau dich an! Was soll ich thun? Du, führ mich
sicher, ew'ger Geist,
Der über dieser Erde Dunst durch alle Sternenräume kreist.

Du, trägst mich auf des Adlers Flug gewaltig zu den Höh'n
        hinauf, — —
Die Wolken sinken und entfärbt thut sich der Himmel um
        mich auf.

Leis weht's um meine glühende Stirn wie sanfter Frühlings-
        blütenhauch,
Und auf die bebende Seele zittert mild eine Thräne aus
        Gottes Aug'.

Mein Liebling, schlag die Augen auf, die voll von bittren
        Thränen stehn,
Im tiefsten Busen fühl' ich's hier, nun darf ich nimmer von
        dir gehn.

Laß wider uns die Welt aufstehn, mit Lachen, Hohn und
        kaltem Spott,
Du trockne deine Thränen ab, mit uns ist die Liebe und
        unser Gott.

Tief liegt die Welt in Nacht gehüllt, ein Thränenschleier
        deckt sie dicht,
Hörst du den Schrei, der todesschrecklich von tausend fahlen
        Lippen bricht?

Ein Jeder stürzt von Schuld zu Schuld, wie Wasser stürzt
        von Fall zu Fall,
In Schuld und Pein siecht das Geschlecht, und Sünde jubelt
        überall.

Und was aus Staub geboren ist und was gezeugt vom
        Weibe lebt,
Wer ist so rein, daß wider dich den ersten Stein er zornig
        hebt?

Doch sieh im Osten glüht es auf und Palmen wehn im
        jungen Licht,
Und rosige Lüfte fließen leuchtend dir um dein blasses An-
        gesicht.

Im Winde schwankt ein Blütenmeer, es gießt der Duft-
        berauschte Quell
Durch Lilien- und durch Rosenbüsche die muntren Wasser
        wolkenhell.

Und über die Blumen und Palmen fliegen glänzende Engels-
schaaren empor,
Weit durch die Morgenlüfte jubelt osternfroher ein sel'ger
Chor:

„O weine nicht, all' deinen Kummer schütt in der Liebe mit-
leidigen Schooß
Aus Todes- und aus Sündenbanden macht dich allein die
Liebe los.

Auf Adlerschwingen führt sie dich, führt dich zum Lichte leis
und sacht
Aus dieser Erde Finsternis und durch der Qualen Thränennacht . . ."

Laß wider uns die Welt aufstehn mit Lachen, Hohn und
kaltem Spott,
Du trockne deine Thränen ab, mit uns ist die Liebe und
unser Gott.

Begegnung.

Sie wandte jäh ihr Auge ab,
    Doch ward ihr Antlitz todesblaß,
Ich sah auch wol, wie ihr ins Aug',
Ins wilde Aug' schoß blankes Naß,
Fahlgelbes Abendlicht verschwamm
Trüb über Straße, Brück' und Fluß,
In dunst'ger Luft ein Schleier lag
Von heißem Staub und trocknem Ruß.

Vorüber drang der Menschenstrom,
Hart rollte Rad an Rad vorbei,
Doch hinter mir, da gellte jäh
Ein todeskranker heiserer Schrei:
Es war wol meines Namens Klang,
Doch mitten im Schrei der Ton zerbrach   —
Ich sah nicht um, ich sah nicht um,
Wo sie im Staub der Straße lag.

Die Luft war rot . . .

Oh, bitterkalt war die Winternacht, und die Luft .
ja, die Luft war rot . . .
Da hat's mich gepackt, und leis stand ich auf . . . 's war
nur, weil die Luft so rot . . .
Ja, so furchtbar rot das wilde Gewölk, das finster durchs
Fenster mir sah,
's war wol kein Himmel, die Hölle war's, was ich düster
über mir glühen sah.

Ja, bitter kalt war die Winternacht . . . und ich hörte draußen
die Winde schrein,
Und sie würgten die Luft und stießen die Nacht blut=
rünstig gegen Wand und Stein . . .
Ich aber, ich hörte im heulenden Wind . . . oh, es klang
so wild und so weh an mein Ohr . . .
Aus dem Sturm, aus der Tiefe, aus tiefer Nacht drang
jammernd ein Stöhnen leis an mein Ohr!

Das Jüngste stöhnte leise im Schlaf, wie ein welker Zweig
war sein Händchen so dürr,
Und ich sah sie all' drei, von Hunger so schmal, wie welke
Reiser so braun und so dürr . . .
Meine Kinder all drei, so krank und so schwach . . . und
draußen der Sturm und die glutrote Nacht,
Die uns alle, die Armen und Schwachen, verschlingt . . .
sie hat es in Schuld die glutrote Nacht.

Um Mitternacht war's, und leis stand ich auf . . . und im
Kopfe drinnen nur war's mir so schwer,
Und ich brannte ein trübes Lampenlicht an und leuchtete
still in der Kammer umher -- — —

Und gleich auch glitt im matten Licht an der Wand ruhlos
        ein Schattenbild,
Und was ich sann und was ich gedacht, mir raunte es zu
        dies Schattenbild . . .

Und es irrte umher und stöhnte leis und schüttelte wild das
        dunkele Haupt,
Und es preßte gegen die kalte Wand, an den feuchten Stein
        das kranke Haupt,
Und es leuchtete in der Kammer umher, und rings nur
        Fetzen . . . und sonst nichts mehr . . .
Und es irrte der Lampe fahler Schein rings über Fetzen
        und sonst nichts mehr . . .

Da packte mich's an und ich starrte gradaus . . . vor den
        Augen ward's mir so blutigrot . . .
Im Winkel das Beil . . . das glühende Beil . . . wie ist
        es von Feuer und Blut so rot! . . .
Ich starrte gradaus in die wilde Nacht . . . in Mitternachts-
        sturm und rotwolkige Luft — —
Und über mein Haupt und in mein Gehirn fiel Feuerge-
        wölk aus brennender Luft . . .

Und über sie trat ich und beugte mich tief . . . sie lagen
        so eng, Gesicht an Gesicht,
Von schaurigem Frost zusammengedrängt, — so grau wie
        Asche das welke Gesicht . . .
Noch einmal fiel ich an ihre Seit' und preßte wild ihren
        blassen Mund,
Und preßte mein Haupt in das feuchte Stroh . . . und
        preßte wild ihren blassen Mund . . .

Und sah gradaus in die Mitternacht . . . und sah durch die
        Luft stumm kommen den Tod . . .
Und ich hörte das Beil und es knirschte dumpf . . . und
        über die Hände rann es mir rot . . .
Und „Mutter!" nur stöhnte das Eine noch und starrte mich
        an . . . und sonst nichts mehr . . .
Und das Andre fuhr auf und starrte mich an . . . und
        röchelte dumpf . . . und sonst nichts mehr . . .

Oh, wie still, oh wie stumm, oh wie rot war die Nacht!
        Matt glänzte das trübe Lampenlicht . . .
Matt fiel auf ihr fahlgrau Gesicht der gelbe Schein vom
        Lampenlicht . . .

Still nahm ich sie auf in meinen Schooß und preßte sie
    stumm an meine Brust,
Und wusch mit meinen Thränen das Blut aus ihrem Haar,
    von Stirn und Brust . . .

Das Blut, es rieselt rot und rinnt die Nacht durch, bis der
    Morgen kommt,
Und ich wasche ihren blutigen Leib die Nacht durch, bis der
    Morgen kommt . . .
Doch der Tag kommt nicht . . . nur der Nachtwind schreit! . . .
    und draußen steht finster glutrote Nacht . . .
Oh, ihr Blut stürzt nieder und reißt mich hinweg — — —
    Sie hat es in Schuld, die glutrote Nacht . . .!

Hört Ihr es nicht?

Hört Ihr es nicht? In meinem Ohre bang
Ewig tönt herber dumpfer Trommelklang.

In heller Lenznacht, in der Nachtigall
Verträumtes Lied rauscht schwerer Waffenschall.

Der Sommer glüht in dunkler Rosen Duft, —
Wie Rossesstampfen dröhnt es durch die Luft.

Und wenn der Wein im grünen Glase quillt, —
Hörst du das Schlachthorn nicht, das blutig schrillt?

O Winternacht! Der Sturmwind heulend fährt,
Sein Odem leer die starrenden Wege kehrt.

Vergebens glüht am Feuerheerd der Rost,
Stärker als Feuer brennt der kalte Frost.

An Haus und Wand und an des Weg's Geleis
Fliegt Schnee und knarrt das demantharte Eis.

O Winternacht! Durch Eis und fliegenden Schnee
Lauter als Sturmgeist schreit ein wildes Weh.

Geschrei und Schlachtruf durch die Nacht hinschallt,
Gleich wie am Strand die Sturmflut dumpf hinhallt.

In dunklen Schaaren drängt es finster an,
Mit Beil und Hammer wogt es schwarz heran.

Zerlumpte Haufen, wie im Sturm verirrt,
Das Eisen dröhnt, das blanke Messer klirrt.

Das Angesicht, blaß wie ein Wintertag,
Sagt, wie das Elend gar so fressen mag.

Das Auge tief, die Wange hohl und schmal,
Auf Stirn und Wang der Krankheit brandig Mal.

Gelöst das Haar auf schmutzigen Nacken hängt,
Den harten schweren Fuß kein Schuh umzwängt.

Das Banner glüht wie Herzblut dunkelrot, —
Die Fahne droht schwarz wie der Würger Tod.

Es drängt heran, es wogt die dunkle Flut, —
Den Himmel überschwemmt's wie trübes Blut. . . .

Seht Ihr es nicht, das Zeichen, das sich hebt?
Ein eherner Kelch vor Euren Augen schwebt!

Ein eherner Kelch, mit Thränen angefüllt,
In Dornen und in Stacheln eingehüllt . . . .

Oh, aus der Tiefe stöhnt ein banges Schrein;
Die Herzen auf und laßt die Liebe ein!

Die Herzen auf, die ihr am Throne sißt,
Von Gold und heißem Demantglanz umblißt.

Reißt ab das rote Gold vom Sammtgewand,
Den Demantschmuck, das schimmernde Perlenband.

Zu Euren Füßen liegt gestreckt die Not,
Aus hohlen Augen starrt Euch an der Tod.

Es loht ein Feuer in der Erde Grab,
Und reißt auch Euch in seinen Schlund hinab . . . .

Hört Ihr es nicht?   In meinem Ohre bang
Ewig tönt herber dumpfer Trommelklang . . . .

Geld!

Ein grünend Eiland sah ich, innen glutdurchloht
Jäh öffnen seiner Erde mitternachtdüstren Mund,
Und tausend Gewitter aus weit aufgerissnem Schlund
Wie Blut hervorspein. Dunkel ritt auf Donnern der Tod,
Umflattert von des Feuermantels Scharlach-Glanz
Durch Fels und Tal und durch der Gärten Blütenkranz:
Und langsam dann, pechschwerem Branderschiffe gleich,
Mit flammenwehenden Wäldern, rings zersetzt und wund
Versank die Insel; weithinrollend, grau und bleich
Schloß über ihr der Ozean den breiten Mund:
So wirst du hingehn, lebendes Jahrhundert, du!

Wie schön warst du, als Goldgelock dein Haupt umflog,
Dein Auge schwärmte, und mit Adlern wolkenhoch
Dein jubelnder Geist empor sich hob. Die Frühlingshaide klang
Des Angers leuchtender Blumengrund, der Waldquell sang
Hell wieder deiner Freiheitshymnen Morgengruß;
Als du im hellen Waffenschmuck und Eichenkranz
Am jungen Freiheitsbaume opfertest, aufstampfend dein Fuß
Beim munteren Spiel der Geigen und Flöten hinflog im Tanz.
Wie schön warst du, als dich vom bunten Waffenspiel
Zu todesernsten Thaten rief der Trommeln Schrei,
Als in dein Herz der Zorn gleich wirbelndem Feuer fiel,
Und du die Büchsen ludest mit dem scharfen Blei,
Und in drei Sommertagen nieder vom üpp'gen Thron
Den falschen Fürsten warfst, des Scepters schwachen Thon
Zerbrachst und seiner Stirn rotgoldnes Band ....
Ha, schön warst du! Denn erzne Ketten brach deine Hand,
Und in dem hellen Opferstrom von warmem Blut
Ersäuftest du der Fürsten und der Herren Uebermut,
Das Schwert entwandest du dem faulenden Geschlecht,
Das dünkelvoll aus beßrem Blut erzeugt sich glaubt:
Du aber führtest her ein Weib mit hohem Haupt
Stahlgrauem Aug und ernstem Mund: Gesetz und Recht.

Wie schön warst du! Doch jetzt? Zerrissen weht dein Kleid,
Zerpflückt verdorrt dein Blütenkranz im trocknen Staub,
Du greisgewordenes Jahrhundert, blind und taub
Dem tausendfachen Weh, das aus den Tiefen schreit.

Zur Hure ward die Zeit! Im feuchten Nebeldunst der
    Nacht
Schleicht sie auf thaubenetzten Straßen stumm und sacht,
Das Haar gesalbt, in duftberauschendem Gewand,
Von goldnen Spangen klirrend: nur des Auges Brand
Glüht wie ein düstrer Stern durch nebelfahlen Duft,
Rotblinkend wie ein Tropfen Blutes auf zerschoßner Brust.

„Gold! Gold!" ertönt ihr Mund. „Für schimmernd Gold
    allein
Bin ich Euch feil; Goldflut wäscht blank und lilienrein
Dein lustverhurtes Herz, spült alle Sünden fort.
Und wär dein Leib, wie welkes Laub im Herbst verdorrt,
Du prangst mir wie ein Rosenbusch im Maienlicht.
Thörichter Knabe, schwärm vom Zauber der Liebe nicht.
Ausreiß dein Herz! Du Krieger, zerbrich dein heilges Schwert,
Eng ist die Heimat, doch rings gilt des Goldes Wert.
Aus dumpfer Kammer steig, du bleicher Denker du,
Die Sterne und die Himmel wandeln auf und zu,
Und rastlos wandelt deine Seele nach. Im Haus
Bei mir träumst du auf seidnem Pfühl dein Leben aus.
Wirf ab die Scham, du junges Weib, ein Perlenband,
Ein goldner Reif, ein sammetschwellendes Gewand
Ziert schöner dich als deiner Tugend dürftig Wollenkleid.
Ich kenne heißre Lust: wenn jeder Tropfen Blut
In deinen Adern brennt und du in funkelndem Gold
All deine Sinne badest . . . Klingelnd die schimmernde Flut
In deinen Schooß, ein heller Sonnenregen rollt.
Ach, alles, Liebe, Ehre, Ruhm, Lust, Seligkeit,
Tugend, verlacht, verspottet sie! Was ihr begehrt
Mit Meißel oder Hammer, Harfe oder Schwert,
Ruhm, Liebe, Ehre, Lust, Macht, wie ihr wollt,
Die Himmel selbst und Gott erkauf ich Euch für Gold."
Im Dunst der Nacht, durch treibende Nebel glüht der Stern,
Blutrot und still; dumpf flutet durch die trübe Nacht
Ein Meer von Stimmen her; rings ruft und flüstert, lacht
Und jauchzt heimliche Lust; verworren nah und fern
Wälzt sich im Nebel lang ein Völkerheerzug hin
Taumelnd, von Glut berauscht, verwirrt in Haupt und Sinn.

Und leise tönt es rings: Schaut, süß und silberrein
Winkt uns der Stern; heil glänzt sein morgenroter Schein,
Ein Engelsauge, auf ein paradiesisch Wunderland,
Zum Land der Sel'gen führt uns eines Gottes sanfte Hand.

Zur Hure ward die Zeit, im feuchten Dunst der Nacht
Schleicht sie auf thaubenetzten Straßen still und sacht.
Aus Nacht gezeugt wächst sie in jeder Nacht empor,
Zu Drachenflügeln spannt sich aus des Kleides dunkler Flor,
Ein Wirbelsturm tanzt durch die kriegerische Luft,
Erfüllt von Moder und verwesender Leichen Duft,
Und zwischen Erd' und Himmel schwebt ein Haupt,
Gelbfahl, ein Pesthaupt: weit des Hauptes Schatten fällt
Trüb, wie ein Schleier matten Bluts hernieder auf die Welt,
Und wo der Schleier rührt den banganfathmenden Grund,
Schlägt jach ein Feuer aus der Erde brüllendem Mund,
Und heulend tanzen in sausenden Wirbeln, rauchumqualmt,
Hier, dort und drüben Feuersäulen, und zermalmt —
Zerschmettert stürzt kopfüber Stein und Fels und Wald
Zu einer Glutlawine wüst zusammengeballt.

Und Feuerwolken wehn weit über alle Welt,
Blutdunst dampft in die Himmel auf, wolfhungrig gellt
Ein Schrei zur Erde nieder: droben liegt in dunkler Pracht
Siegjauchzend auf Gewittersturm der Geist der Nacht:
Blitze sein Flügelpaar! Dem Schlachtengeyer gleich
Aasgierig schwimmt er lachend über seinem Reich.

Doch unten drängt durch Feuer und durch Dampf,
Stößt, wütet, braust und brandet dumpf der Männerkampf.
Laut gellend schrein die Hörner durch der Lüfte Glut,
Die Trommeln sausen dumpf und rasseln heisre Wut.
Wie Woge sich mit Woge packt, gelbschäumig, — so Aug'
    in Aug',
Brust gegen Brust, ringt Mann mit Mann, — in Qualm
    und Rauch,
Erstickend, halbzerfleischt, und eng mit Dolch und Zahn
Zusammen gewachsen. Regengleich strömt auf die Bahn
Schwarzrotes Blut, und wild, wie von des Wahnsinns Gier
    gepackt,
Ringt noch am Grunde Sterben mit Sterben, blutig nackt
Würgt an des Feindes Gurgel noch die schlaffe Hand.
Zerfetzte Fahnen tanzen durch der Lüfte Brand,
Und mitten in dem Knäul, wo Schwert, Dolch, Speer und Beil

Zusammenstoßen, wo gedrängt, ein Keil in Keil,
Die Haufen wogen, peitscht von Bomben eine Flut,
Wie in das Meer, von rauher Winterstürme Wut
Zerwühlt, ein Wolkenbruch sich stürzt; und Glied um Glied
Sinkt, gleich gemähtem Weizen an den Grund, am Boden
          wühlt
Ein Haufe wunder Leiber, und der düstre Blutstrom spült
Die Flammen selber aus. Doch eine neue Flut
Von schlachtbestaubten Männern wälzt sich übers Feld
Der Toten hin. Von neuem lodert auf die Glut
Der Waffen, Schwert an Schwert und Beil an Beil zerschellt:
Und dumpfes Sausen kommt herab der Erde Grund,
Ein einziger Schrei! dann über Leiber blaß und wund,
Würgt, stöhnt und wütet der Kanonen Eisenrad,
Sucht mitten unter Sterbenden und Wunden einen Pfad.
Brechende Knochen knirschen, — fluchend, lachend stöhnt
Die Batterie durch Leiber sich, nur angstvoll Wimmern tönt
Vom Grund herauf, doch an den Speichen klebt und hängt
Zerfetztes Fleisch, zerspritztes Hirn, und zügelverhängt
Saust's weiter fort. So Tag und Nacht und Nacht und Tag
Tost dumpf des Schlachtenmeeres wüster Wogenschlag. . . . .

Gewittersturm stößt durch die Luft, ein Schreien gellt
Rauh wie der Löwin Schrei hin übers Todtenfeld,
Durch die gewölkte Luft flammt selten blau und fahl,
Wie ein vom Himmel stürzender Stern ein Blitzesstrahl,
Grell über Leichenhaufen fliegt sein bleicher Schein,
Zerrissene Leiber und zerschmettertes Gebein . . . .
Stumm rings; nur leises Weinen tönt aus Sumpf und Moor,
Gebrochenes Seufzen schleicht durch Binsen und im Rohr,
Einsam auf seinem Thron von nackten Schädeln wacht
Blutsatt nur noch der Geist der Nacht.

Traumleben.

Ich wandle wie im Traume,
Als wäre mein Aug' verhüllt,
Und rings die Welt von düster-
Dämmernder Nacht erfüllt.

Die Menschen wallen vorüber,
Stumm und gestaltenlos,
Die lauten Straßen ruhen
Wie in des Todes Schooß.

Die Welt scheint ganz gestorben,
Versenkt in schwarze Gruft, —
Doch weht es über die Gräber
Weithin wie Rosenduft.

Ich hör's in meinen Träumen
Wie Nachtigallenschlag;
Heimliche Weisen tönen
Wohl über den ganzen Tag.

Zwei dunkle Geisteraugen
Leuchten allein in der Nacht;
Aus dämmernden Schatten flimmert
Goldenen Haares Pracht.

Um meinen Nacken schlingt sich
Ein blütenweicher Arm;
Es ruht auf meinem Munde
Ein Frühling jung und warm.

Ich wandle wie im Traume,
Als wäre mein Aug' verhüllt, —
Du hast mit deiner Liebe
All' meine Welt erfüllt.

Die Welt scheint ganz gestorben,
Wir beide nur ruhen allein,
Von Nachtigallen umklungen,
In blühendem Rosenhain.

Frühlingstraum.

Auf waldverlornen Wegen
　　Dem Frühling ging ich nach,
Ein lichter Sonnenregen
Durch Laub und Aeste brach.

Von knospenden Gezweigen
Umkränzt und Blütenschein,
Wo sich die Weiden neigen
Zum Bache, schlief ich ein.

Zwei weiche Arme bogen
Sich um die heiße Brust,
Hell floß in duftigen Wogen
Der Locken goldene Bluft.

Dein Mund auf meinem Munde,
Dein Aug', wie Sonnenschein,
Mit dir im süßen Bunde,
Geliebte, schlief ich ein.

Die Sonne, die in Funken
Strömt hell von Blatt und Zweig,
Dein Auge ist's, das trunken
Mir glänzt und perlengleich.

Die Büten, die da sprießen,
Maiduft verstreun im Wald,
Von jungen Lippen fließen
Sie mir als Küsse bald.

Und wenn in deinem Schooße
Mein Haupt gebettet ruht,
Der Mai ist's, dem im Schooße
Ich schlafe sanft und gut.

In der Osterzeit.

Süß duftet und leise athmet
    Draußen die Osternacht,
Ruhig träumen die Gassen,
Vom blauen Monde bewacht.

Die dürren Zweige der Linde
Wiegen und schwanken im Wind,
Und durch die schauernden Lüfte
Das Blut des Frühlings rinnt.

Die Glocken tönen und läuten
Leise ins stille Gemach,
Sie läuten und rufen den Frühling
Im klopfenden Busen wach.

Und von den Blättern der Bibel
Hebe ich träumend mein Haupt, —
Und schaue des Heilands Augen,
Den längst ich gestorben geglaubt.

Ich sehe die roten Wunden,
Und den bleichen, friedlichen Mund
Und um die Schläfe geflochten
Der Dornen blutigen Bund.

Ich trinke von seinen Augen
Der Thränen schmerzliche Glut, ..
Und fühle, wie sanft seine Rechte
Auf meinem Haupte ruht . . . . .

Unnahbar, unendliche Gottheit,
Sind's wilde Schmerzen allein,
Die von dir reden und zeugen
Und deinem göttlichen Sein?

Sind's nur die Schauer des Todes,
Von denen dein Mund uns spricht,
Und strahlt nicht auch leuchtend im Frühling
Dein himmlisches Angesicht?

Die Glocken tönen und läuten
Es webt und quillt in der Luft,
Rings flüstert ein süßer Zauber,
Und strömt ein Rosenduft.

Durch meine Seele ergießt sich's
Wie lodernder Rosenschein . . . .
Du süße, du schöne, du hohe
Geliebte, da dachte ich dein!

Abschied.

Noch ein Kuß von deinem Munde,
Noch ein Druck von deiner Hand!
Abschiedsstunde — Abschiedsstunde . . . .
Und ich starre unverwandt,
Und es faßt mich banges Zagen,
Und ich hör es leise sagen
    Einmal noch: „Auf Wiedersehn!"
    Einmal noch: „Auf Wiedersehn!"

Seh noch fern den Schleier winken
Durch die herbstlich graue Luft,
Doch die Nebel sinken — sinken
Auf mein Aug mit schwerem Duft.
Und ich schaue in die Breite,
In die Ferne und die Weite,
    Doch dein Auge nimmermehr,
    Doch dein Auge nimmermehr.

Nur ein leises leises Klingen
Silbern zittert zu mir her,
Trägt's der Wind auf weichen Schwingen?
Klingt es aus den Wolken her?
Immer noch von deinem süßen
Munde klingt ein fernes Grüßen
    Einmal noch: „Auf Wiedersehn!"
    Einmal noch: „Auf Wiedersehn!"

Und es preßt mein Herz zusammen,
Meine Seele schreit empor,
Tausend Flammen, tausend Flammen
Schlagen aus dem Blut hervor.
Und ich denke jener Stunde,
Da wir lagen Mund an Munde,
    Und ich sprach: „Vergiß es nicht!"
    Und ich sprach: „Vergiß es nicht!"

Deiner Seele Himmelsreine
Küßt' ich in mein Herz mit Macht,
Und mein Herz sank still in deine
Augen wie ein Stern der Nacht.
Ach, in diesen wenigen Stunden
Schlugst du Wunden, tiefe Wunden,
　Stille meine Schmerzen nun,
　Stille meine Schmerzen nun.

Heilige Nacht, du Nacht voll Lieben,
Nacht der Schauer, komm' herab,
Da dies Ich mit allen Trieben
Jach versinkt im dunklen Grab.
Da der Liebe volle Glocken,
Wie der Lenzwind brausend locken,
　Unsre Ostern läuten ein,
　Unsre Ostern läuten ein.

Du trüber Mond . . .

Du trüber Mond, der stumm aus Waldeswipfeln
    Sich langsam hebt,
Im feuchten Dufte zwischen dunklen Gipfeln
Mattdämmernd schwebt,
Schaust du wohl jene Kammer,
Wo thränennaß voll Jammer
Mein armes Mädchen ganz verlassen wacht?

Am off'nen Fenster sitzt sie ganz alleine
Und weint und spricht:
„Warum kommt dort im weißen Mondenscheine
Mein Liebster nicht?
Ich träum ihn allerwegen,
Mein Herz wallt ihm entgegen,
Mein warmer Busen drängt zu seinem hin."

Durch dunkle Nacht ertönt dein leises Weinen
Und herbes Leid,
Du Stimme meiner Guten, meiner Einen,
So weit — so weit!
Nein, länger nicht harre des Gatten,
Bald, bald durch Nebel und Schatten
Komm' ich und küsse deinen roten Mund.

Wohin, o Sonne . . .

Wohin, o Sonne, wohin, o Tag,
    Ihr schauernden Frühlingsträume?
Der trübe Regen rieselt im Hag
Durch dunkelnde Lindenbäume.

Nur zitternd flimmert ein letztes Licht
Und blitzt an den nassen Zweigen,
Und fernher sah ich dein Angesicht
Aus Wolken sich zu mir neigen.

Ich träume, wie einst deine schöne Hand
Mir um die Stirn und in losen
Haaren blühende Zweige wand,
Blühende Zweige der Rosen.

Doch von dem Haupte sah ich stumm
Die Blätter welken und sinken,
Mir war's, als säh' ich rot ringsum
Blutstropfen düster blinken.

Nun pressen die Dornen, der Blüten entlaubt,
Mit heißen und zehrenden Gluten
Sich in mein schmerzdurchschauertes Haupt,
Und langsam fühl' ich es bluten.

Sind's blutige Quellen, sind's Rosen rot,
Sacht fallend zum dunklen Grunde?
Küßt du mich, Liebe, küßt du mich, Tod,
Mit so schmerzbittrem Munde?

Nachtnebel.

Nachtnebel dunkelt überm Moor,
    Im Weidenbusche stöhnt es bang,
Dumpfraunend streicht Septemberwind
Am knappen Haidegras entlang,
Stumm gingen wir hindurch die Nacht,
Leis hallte unser Schritt am Grund,
Und was das Herz so traurig macht,
Verschlossen hielt es unsern Mund.

    Ihr leises Weinen hört' ich nur,
Doch wagt' ich nicht, sie anzuschaun:
Uns glänzt kein Stern und blüht kein Glück,
Wer arm ist, soll auf Glück nicht baun . . .
O küsse mich zum letzten Mal,
Eh' dies mein Herz verdorrt, — vergeh'n
Laß die Erinnerung an mich —
Weh uns, daß wir uns je geseh'n . . .

Zum Schluß.

Weißt du wol noch, wie oft, wie oft
   Dein Haupt in meinem Schooße lag?
Träumst du von meinen Küssen noch?
Denkst du an Haide, Busch und Hag,
Wo wir uns schwuren Hand in Hand?
Und hörst du noch der Drossel Schlag?
Weißt du wol noch, weißt du wol noch
Von unserer Liebe Sommertag?

   Der Herbstwind greift und würgt die Nacht,
Dumpf tost es in dem kalten Schlot,
Mir war es doch, als gellte laut
Aus weiter Ferne, tiefster Not
Zu mir ein Schrei aus deinem Mund:
Treibst du wol jetzt durch Sturm und Tod
Auf wüstem Meer — auf wüstem Meer
So ganz allein in morschem Boot?

   Es gellt so fern durch dunkle Nacht
Aus Nebeln und aus Sturmesflut,
Fluchst du der Stunde, da mein Haupt
In deinem Schooße sanft geruht?
Dein Antlitz blickt so thränennaß,
Von Haß erglüht vielleicht dein Blut,
Wohin, ach, all die Schwüre nun?
Wohin — wohin all uns're Glut?

Nachtwache.

Um Haupt und Leib mir wallen
    Dunkele Nebel der Nacht,
Auf Herz und Sinne fallen
Finsternisse mit Macht.

Die düstren Wolken schreiten
Drohend über das Land,
Schatten vorüber gleiten
Und fassen mein Gewand!

Sie fassen an meine Seele
Und greifen in mein Hirn,
O lösche in Nacht und Schwele —
Verlösche nicht, mein Gestirn!

O wasche mit Feuerwellen
Von meinem Busen die Schuld,
Ström über mich den hellen
Glanz deiner Gnade und Huld.

Ich bin eine zitternde Leuchte,
Ich bin ein schwaches Rohr —
Du schau meiner Augen Feuchte:
Gnade, führ mich empor!

In der Nacht.

Vom Pfühl schrak ich empor aus wüstem Traum:
Bang stöhnt der Mitternachtwind durch die Gassen,
Der Mond streut zuckend seine trüben blassen
Und irren Lichter durch der Kammer Raum.
Noch fühl' ich zittern in der dumpfen Luft
Den bangen Schrei, der meinem Mund entbrach,
Feucht weht um mich ein Hauch aus Todesgruft,
Eng ist die Stube wie ein Sarkophag.

Es legt sich schwer auf Seele mir und Stirn,
Preßt sich an meine Brust mit kaltem Munde,
Und durch die düstre mitternächt'ge Stunde
Hör' ich es leise wie von Stimmen schwirrn.
Und leise hebt Gestalt sich um Gestalt
So traut mir einst in der Vergangenheit,
Und schaut mich an mit bitterer Gewalt,
Traurigen Auges, voll von herbem Leid.

O! brennen diese Augen in mein Herz!
Hier fühl ich's tief in schulderfüllter Seele,
Verstrickt im Bann der Sünden und der Fehle
Verbracht' ich meine Zeit in Not und Schmerz.
Du sündig Fleisch! Du wüste Leibesschmach!
Elende Sinne! Du verdammte Lust!
Um euch — um euch verwest und fault mein Tag
Um euch schleicht früher Tod durch meine Brust.

Elende Schwachheit! Wie so oft beschwor
Mein Herz und Mund, euch mit geweihten Waffen,
Hin auf den Grund zu zwingen: doch erschlaffen
Fühl' ich mich, steigt ihr Gleissenden empor.
So süß tönt's in mein Ohr, in heißer Pracht
Erglänzt die Luft, mich grüßt ein lächelnder Mund,
Ein weißer Leib hebt sich aus dunkler Nacht,
Umfaßt und zieht mich nieder an den Grund.

Doch wach' ich auf aus meiner Sinne Glut,
Umschauert mich ein wirres Todesbangen.
Und fröstelnd steigt es auf in meinen Wangen,
Wie Fieber schleicht es kalt in meinem Blut.
Es kriecht heran und saugt an meinem Geist,
Den es mit dürren Armen eng umwebt:
O Gott, ist's Wahnsinn, was mich dumpf umkreist?
Ist's Tod, was meinen kranken Leib umschwebt?

Hier lieg' ich rufend: Gnade, Liebe, Licht!
Laß alle Sinne meinem Leib entschwinden,
Laß du des Auges Feuer jäh erblinden,
Nur diesen Geist zerschmettere mir nicht!
Zerstör' mein Antlitz, und zerbrich die Kraft
Der Glieder, wie du willst! Dörr' aus mein Mark,
Und bann' hinweg des Fleisches Leidenschaft,
Bleibst Du mir treu, so bin ich todesstark.

Frei von des Leibes Haft laß Geist und Herz
Nur ganz allein nach dir in Sehnsucht beben,
In deinem Schooß, an deinem Busen leben, —
Erkenntnis! Führe du mich wolkenwärts.
Erfüll mein Inneres nur mit deinem Licht,
Daß, wenn die Sinnenwelt hinstürzt in Nacht,
Die ewige Liebe jauchzend aus ihm bricht,
Gleichwie in dunkelem Gewölk der Tag erwacht.

Zwei Tagebuchblätter.

I.

. . . Nicht wehe den Gerichteten! Ich sage:
Wehe den Richtern! Weh allen, die das Schwert
Ausstrecken und des Rechtes schwere Wage
In schwachen Menschenhänden führn; es zehrt
An Aller Mark der Schuld unheiliges Feuer . . .
Ein Jeder ist verschuldet jeder That,
Und Jeder trägt auf seiner Seele ungeheuer
Was Jeder je an Schuld und Frevel that.
Ihr stoßt den Einen tief hinab in Nacht,
Den Anderen hebt Ihr empor zum Licht,
Lehrt Ihr die Blinden, was sie sehend macht,
Und trocknet Ihr der Weinenden Gesicht?
Den Dürstenden verklag nicht, daß er trank,
Den Wunden nicht, der unter Lanzen sank,
Wir alle sind wie mürbes Rohr im Wind, —
Dies ist die Schuld, daß wir nur Menschen sind.

II.

. . . . . . Unglücklich sein! Ich glaub',
Euch ist's das schlimmste der Verbrechen! Doch das Glück —
Was ist's? Daß wir, der Wünsche Raub,
Begier und Sehnsucht stillen und, ein Stück
Den Anderen voraus, Neid wecken und Umnachtung
Der Schwachheit in uns groß ziehn. Doch das Ganze
Ist nur aus unserer geistigen Mißachtung
Als dunkle Mißgeburt erzeugt. Vom Kranze
Des Ruhmes und des höchsten Glücks umwunden,
Bist du nur um so mehr Sklav' deiner Gier,
Zerbrich der Wünsche Knechtschaft und zu allen Stunden
Wohnt wie im Schlaf das höchste Glück bei dir.
Du strebst und jagst und siehst nicht, daß du irrst
Umher in nächt'gen Büschen und im Kreise
Dich ewig drehst: Verachtung ist das Weise,
Verachte nur, daß du verachtet wirst . . .

An den Tod.

I.

Die Nacht fällt wie ein Leichentuch, geflatterndes und dumpf und fahl, —
Sanft über mich des Todes Schleier fiel diese stillen Winternacht, --
Was wärst du betten in mein Grab, was nähm ich mit mir aus der Welt,
Als welkes Fleisch und morsch Gebein, das in drei Wochen mürb zerfällt?
Was sonst als Liebesträume noch, kurz wie ein sonniger Wintertag,
Ihr Anfang waren Kuß und Schwur, ihr Ende Bitterkeit und Schmach.
Nichts weiß ich, als daß diese Welt Wahrheit geschnitten Lüge nur,
Daß Freundschaft, Lieben, Tugend, Laster, und jedes Wort ein falscher Schwur.
Auch kenn ich gut mein eigen Fleisch und meiner Seele finstren Grund,
Und riß ich diese Mäste ab und rührte wach mein feiger Mund --
Doch lag ich nichts, ein Jeder weiß, was er dem Grabe überträgt,
Wenn ihm der Tod den gift'gen Becher an fahle bebende Lippen preßt ...
Und das wär alles? Das der Schluß? Im weißen Sumpf erstickte Glut,
Und ward dir auch ein wenig Licht, mehr Gift zerträgt dir Herz und Blut — . . .
Millionen Jahre gingen hin und säuften meines Leibes Bau,
Millionen Morgen tränkten mich mit Blut und Glanz und jungem Thau,

Aus Millionen Wurzeln wuchs ich in die Morgenluft
empor,
Aus Millionen Seelen ging ich als ein neuer Stern hervor.
Ein Wesen eins, ein Körnchen Staub hab' ich in Sumpfer
Luft gelebt,
Am grünen Strand, im Sonnenlicht als frische Mücke zag
gebebt.
Ich faß mich nun die ew'ge Macht und ew'ge Jahre
fahren nichts,
Als einen Choren, der in Schande und Schmach gefüllt
die Welt des Lichts?
Ich will! Ich lebe noch! Werf ab das Kleid aus Duft
und Staub gewebt,
Gold blüht der Sternenblütenkranz, der um des Todes
Schläfen schwebt,
Millionen Nächte saufen hin — — Millionen Morgen
steigen auf,
Auf Wolkenstraßen wandelst du, auch du doch dereinst hinauf
— hinauf.

11.

Zerbrochener Schädel, morsch Gebein und eine Handvoll
        trockner Staub,
Das ist der Rest im Sarg, und alles! Meiner Jahre Laub
Grünt nur zum Welken, und im Wind zu löschen ward
Entzündet meine Lebenslampe. Nackt und blumenzart
Kam ich zur Welt, daß jeder Pfeil bis aufs Gebein
Mir Wunden reißt: elender als der Hund, armseliger als
        der Stein
Beneid' ich alles, was nicht Mensch ist. Tod, du lächelst?
        Deine Hand
Steigt langsam in der Nacht empor und malt an nackter Wand
Glutzeichen hier und dort. Mein Leib erbaut aus Thon,
Stürzt über Nacht, es rollt der Morgenwind den Staub davon.
Doch den Gefallnen richtest liebend du empor,
Und schließt das Thor der Nacht, thust auf des Morgens Thor:
Knecht, Sklav und Narr der Sinne, was das Aug' erfüllt,
Ist Dunst und Nebel, der das Sternenlicht verhüllt.

III.

Es geht ein seltsam Weben und Athmen durch die Nacht,
Seufzer der Sehnsucht beben in deinem Ohre sacht.

Die Winde gleiten kühler hinab den dunklen Weg,
Und leise Stimmen flüstern am nebligen Geheg.

Und in den fernen Wolken im Osten blitzt es auf,
Und von der Erde hebt sich ein sanfter Glanz hinauf.

Es quillt wie Licht und Leben aus dunklem Schooß hervor,
Es ringen sich Gestalten aus Nacht und Tod empor.

Die Welt schaut ihrem Morgen entgegen sehnsuchtsvoll,
Wie einst der ersten Liebe dein Herz entgegenschwoll.

So dürstet unsere Seele heiß nach des Lebens Glut,
Emporzutauchen aus der schwarzen Todesflut.

Und immer wieder ringt sich ein Tag aus jeder Nacht,
Du, Seele, bist aus jedem Tod noch auferwacht.

Du wandelst ewig weiter durch Nacht und Tageslicht,
Und Welt auf Welt erhebt sich und Welt auf Welt zerbricht,

Auf Sonnenschwingen hebt sich empor mein Herz und Sinn,
Auf Gottesflügeln schweb' ich empor — wohin? wohin?

In meine Augen flutet ein morgenheller Schein,
In meine Seele glutet das Gottesaug' hinein.

O Glanz, o furchtbar Leuchten, das meinen Geist umwallt,
Du hundertfältig Leben, dein letzter Schrei verhallt.

O süßes Wunderweben, was meinen Geist umwirbt,
Zu End' ist die Verwandlung; wer Gott geschaut, der stirbt.

Bruchstück.

Wie hell die Nacht um Dach und Firste leuchtet
Durchglänzt von trautgeheimnisvollem Schein,
Erd', Luft und Himmel schimmern wie durchfeuchtet
Von weißer Rosen Glanz. Oh, zöge ein
In meinen Busen diese nächt'ge Stille,
Die heilige Ruhe solcher Winternacht,
Und ließ entschlafen Sehnsucht, Unrast, Wille
Und dumpfe Gier, die noch im Busen wacht.
Erstarrt ist Erd' und Luft, vom Eiseshauche
Erstickt und tot und doch lebendig schön:
Durchleuchtend alle Tiefen, alle Höhn,
Blüht auf den Fluren und am welken Strauche,
Auf Fels und Steinen selbst der Blumenkranz
Des Schnees, gleichwie im goldnen Glanz
Des Sommers Blüten an den Zweigen spielen.

Ist's nicht der Tod, aus dessen dunklen Quellen
Das Licht hervorgeht, das die weite Nacht
Mit seinem sanften, weichen, dämmerungshellen
Und stillem Licht erleuchtet und durchfacht?
Aus todtem Schnee und Eis strahlt es empor,
Von des verborgnen Mondes leeren Scheiben,
Aus kalten Sternen glastet es hervor,
Die fühllos in den Weltenräumen treiben . . .

Was zauberst du so glänzende Gesichte
Vor meine Seele, glückliche Natur?
Was prahlst du mit betrügerischem Lichte,
Bist du nicht Abglanz meiner Seele nur?!
Willst du die Angst in meiner Brust verhöhnen,
Und spotten meiner Unrast, meiner Pein
Mit gauklerischen Lügen und mit schönen
Träumen von Frieden und Glück? Ach, fahler Schein
Der Sinne ist's, des Augenblicks Gebilde,
Traum meiner Wünsche, doch stört grausam wilde
Wahrheit das Innerste uns auf, verzerrt
Auch dein Gesicht, du sklavische Natur
Die glatten Züge, und den Frieden deiner Flur
Verwüstet meines Jammers glutvoll Schwert.

Tod wäre Leben, Leben wäre Tod?
Nein, nein, ich lüge, will, ich will nicht glauben,
Was längst mir Denken und Vernunft verbot, —
Der Glaube soll mein Wissen nicht bestauben .
Gespenstisch liegt das Land, wie Grabeshauch,
Zieht eisiger Athem durch die kranken Lüfte,
Und müde schwelt des Windes kalter Rauch
Hin über stumme schneebedeckte Grüfte.
Aus tausenden erstorbnen Augen starrt
Der Tod mich spöttisch an: was da verscharrt
In Staub und Erde, badet nimmer wieder
Im goldnen Lebenslichte Haupt und Glieder.

Wie 's mich durchfröstelt! Durch die Scheiben streicht
Es schaurig kalt und fährt mit leeren Händen
An meinen Busen, leis und langsam schleicht
Es mir zum Herzen hinab, Gebein und Lenden
Mir lähmend . . . Oh nur fort . . . Oh fort! .
Von mir, Gesichte! . . . Nicht zu Euch hinab,
Ihr Schatten, zieht es mich; welk und verdorrt
Nur soll empfangen mich ein spätes Grab.
Recht ist 's und Pflicht, daß wir um's Leben streiten
Und Brust an Brust anringen mit dem Tod,
Und zähneknirschend nur und jammernd gleiten
Zuletzt besiegt wir in sein schwarzes Boot . . .

Der Trinker.
(Nach einem rumänischen Volksstied-Motiv.)

Ist — wild und dumpf mein Kopf . . .
Staub, schwarzer Staub dampft aus meinem Kopf!
Und mein Leib ist der Ofen, und glüht
Dürrerrot vom Feuer, das mein Eingeweide
Wie ruhige Kohlen frißt und verbrennt . . .

Trinken will ich, trinken ohne Aufhören,
Doch dieses Feuer brennt ohne Aufhören,
Und Nichts löscht es aus.
Denn kein Feuer ist's, nur eine weiße spitze Flamme.
's ist auch keine Flamme, — nur ein Messer ist's . . .

Oh, in meinem Herzen steckt ein lebendiges Messer
Und vor Durst verbrenn's — und jede Stadt
Hör ich es schrein: Itzt meinen schwarzen Mund,
Atz meine trockenen heißen Lippen von Stahl!
Doch niemand sagt,
Womit ich ein Messer tränken kann.

Oh, in meinem Herzen steckt ein lebendiges Messer . . .
Doch hier auch,   zwischen Lehm und Tod
Cateyro fühl' ich ein Dunkles, Hartes — —
Liegt dort faul, als läg's im Grabe . . .
Totes Messer — totes Messer
Eben will's und seine Falte Seele
Gier nach atmendem Fleisch,
Und der bleiche Mund
Will Dunkel erröten von warmem Blut — —

— — — — — — — — —
Blut! Warmes Blut!!
— — — — — — — — —
— — — — — — —
Die Schwüll und faul die Luft,
Und es todt in meinem Hirn . . .
Und fingen hör id's, leise fingen
Höre der Messer Gesang,
So wie des Toten. — Totengräbers Spaten fingt . . .

Und wie der Toten — Totengräber ladt,
So hör' ich laden mein weltgram Müsser,
Und es gellt in mein Ohr hinein . . .
Dort . . . dort . . .
Auf dem grauen Weg, wo der Staub fliegt
Zerrissen zwischen den rollenden Rädern
Unter der Pferde tanzendem Huf . . .
Vom grauen Weg klang herüber in mein Ohr
Ein späßiges Lachen . . .
Und am Arm hielte das goldne Band ihr,
Und sie lag in des Wagens seidenen Kissen,
Lachend ließ sie mich an,
Und biß spottend mit den spitzen Rattenzähnen
Die läßlichen weichen Lippen . . .
Erinnern will ich, bis die Stadt kommt . . .
Und in der Stadt, im schwarzen Nieß der Nacht
Der rote Geist mit dem Nebergängischen Blick,
Der meinen Kopf . . . armen armen Kopf
In eine rote dampfende Feuerkugel verwandelt,
Daß ich vor Durst verirochnen nach Blut schreie,
Blut . . . warmes Blut . . .

In der Nacht kommst auch du wieder
Und legst dich zu mir ins warme Bett,
Und ich sträube dein rotes Haar um meinen Hals,
Pressé mein Gesicht in seinen fühlen Zipfen,
Dein Auge aber blickt aus dem Dunkeln hervor
Gründlich, wie eine giftige Blume,
Und in taufend Küssen trink' ich das Gift
Aus deiner Augen smaragdenem Keld . . .

Oh, wie schmutzig, eng und klein
War die Kammer und drunßen tröpfelte
Leise — leise und sacht der weiche Regen
Niftern im Januar,
Tröpfelte sacht, — leise und sacht
In die dumfern duntigen Scheiben,
Als du davon gingst, — du!
Mein Weib! — du, mein Weib!
Mit der weißen fühlen Zungen ließt du mich an,
Blutig war dein Mund, und dein Zachen zitterte,
Doch lachtest du!
„Oh, ein Feuer ist gut, wenn man friert,

Was brennt in deinem Ofen kein warmes rotes Feuer?
Und Brod ist gut, wenn man hungert . . .
Oh, schön glänzt knisternde Seide,
Wenn man Lumpen nur trägt, und am Arm meiner Schwester
Sah ich blitzen ein goldnes Band . . . blitzen . . .
Nicht länger kann ich dein Weib mehr sein,
Rot ist mein Mund von ungeliebten Küssen,
Feurig und rot . . . und . . .
Gute Nacht — oh, gute Nacht! . . ."

Durch die Nacht gingst du zu ihm zurück,
Und über mein Leid weinte deine Seele
Ueber mein Leid und deine Schwachheit
Doch heute weinst du nicht mehr
Und fühlest nichts mehr . . .

Dumpf — dumpf stöhnt's im Grab,
Und hervor wächst ein bleiches blasses Messer,
Und weit durch alle Nacht
Blinkt ein eisengrauer Schein . . .
Wenn die Thränen versiegen, fließt Blut . . . .
Oh, hervor aus deinem Grab
Totes Messer — totes Messer!
Und du zittere nicht, Hand . . .
Verfluchte Hand, warum zitterst Du?! . . .

Weihnacht.

Leuchtend fließt die Nacht
Ueber Stadt und Feld,
Silberwellen träufeln
Nieder auf die Welt.

Weißer Schnee umhüllt
Dicht den tiefen Grund,
Kühl und frostig athmet
Sein erstarrter Mund.

In die Luft empor
Blau und zauberrein
Aus der Wintererde
Wallt ein Lichtesschein.

Und vom Himmel fließt
Milder Traumesglanz,
Flammenblüten gleiten
Aus der Sterne Kranz.

Wie die Zauberstadt
In der Silberflut,
In dem Ostermeere
Weit und sichtbar ruht:

Liegt im kühlen Licht
Dieser blanken Nacht
Weit die Welt in endlos·
Heller Wunderpracht.

Stille nun, mein Herz,
So voll Qual und Drang,
Hell in deine Stürme
Tönt der Glocken Klang.

Durch die Lüfte jauchzt,
Durch die Lüfte zieht,
Durch die Lüfte jubelt
Laut ihr Weihnachtslied;

Tönt ihr Weihnachtsruf
Ueber Stadt und Feld
Wie aus Engelsmunden:
„Frieden aller Welt!"

Ruhig liegt die Stadt
Wie gebannt im Traum,
Und durch alle Fenster
Glüht der Weihnachtsbaum.

O du stille Nacht,
O du heilige Nacht,
Einsam träumend hab ich
Still mit dir gewacht.

Ueber Wald und Fluß
Führt mich hin mein Traum,
Wo die Fichten düstern
An der Haide Saum.

Frost- und schneeerstarrt
Liegt das stille Haus,
Bunte Kerzen glühen
In die Nacht hinaus.

Frisch der Tisch gedeckt,
Blütenweiß das Tuch,
Aufgeschlagen liegt der
Psalmen goldnes Buch.

Doch des Vaters Haupt
Sorgenschwer geneigt,
Wie der düstren Weide
Haupt in's Wasser zweigt.

Arbeit Tag um Tag,
Sorge Nacht um Nacht,
Sechzig Jahr in Kummer
Angstvoll hingebracht.

Um der Kinder Glück
Bang und schwer an Mut,
Denen er vergossen
Seines Herzens Blut,

Ohne Rast und Ruh',
Leise aus und ein,
Tag und Nacht geschäftig
Trippelt Mütterlein.

Lächelnd immerdar
Nickt sie Jedem zu,
Gießt in alle Herzen
Ihres Geistes Ruh'.

Nur die müde Hand
Zittert ungesehn,
Ueber ihre Seele
Fliegt der Herbstnacht Wehn.

Wendet schmerzerstarrt
Plötzlich stumm sich ab,
Trocknet eine Thräne
Von den Augen ab.

Vor dem Thore weit,
Wo, von Schnee bedeckt,
Sich in langen Reihen
Grab an Grab erstreckt, —

Sucht ein Auge sie
Tief im kühlen Grund,
Jugendfrische Wangen,
Müdgeschlossnen Mund . . .

O du stille Nacht,
O du heilige Nacht,
Wo geschwundnes Leben
Einmal noch erwacht.

Da auf Haupt und Sinn
Asche niederfällt,
Leid und Not und Jammer
Jeden Trunk vergällt.

In der Wüste Glut,
Glut in jedem Sinn,
Felsenangeschmiedet
Siechen wir dahin.

Aus zerrißner Höh'
Ueber uns es gellt,
Ueber Welt und Wolken:
„Haß auf alle Welt!"

O du heilige Nacht!
O du Nacht des Lugs!
O du Nacht der Weihe,
O du Nacht des Fluchs! —

Einsam und verträumt
Hab ich so gewacht,
Sieh, und meine Schulter
Rührt es leis und sacht,

Wie ein Frühlingshauch
Küßt's mein Angesicht,
Und das Zimmer leuchtet
Mild von zartem Licht.

Still faßt's meine Hand,
Lächelt leis und mild,
Und in feuchten Augen
Schwebt mein Spiegelbild.

„Armes Schwesterlein,
Veilchen, jung gepflückt,
Im weißseidnen Kleide,
Myrtenkranzgeschmückt . . .

Mit stilllächelndem Mund,
Wie zur Stunde, da
In bekränztem Sarge
Ich zuletzt dich sah.

Wie ein goldner Stern
Schwebst du todesschön
Nieder aus geheimnis-
vollen Sonnenhöhn.

Soll ich mit dir ziehn,
Hand geschmiegt in Hand,
Zu dem lichtumflossnen
Heiligen Wunderland?

Liebes Schwesterlein,
Süße Schwester du,
Gieß in meine Seele
Deines Geistes Ruh . . ."

Leise neigt es sich
Ueber meine Stirn,
Ein bekanntes Stimmchen
Hör' ich traumhaft schwirren:

„Bin euch nimmer fern,
Habe Tag und Nacht
Still in eurer Mitte
Ueber euch gewacht.

Saß an eurem Tisch,
Brach mit euch das Brod,
Hab mit euch gelitten
Und gekämpft in Not.

Euer Weinen fiel
Dunkel in mein Herz,
Eure Thränen trug ich
Betend himmelwärts.

In der Schale Gold
Schwammen sie wie Blut,
Wie ein Opferfeuer
Brannte ihre Glut.

Seid getrost und still,
Laßt vom Weinen ab,
Helle Rosen blühen
Euch aus meinem Grab.

In die Sonnenluft
Duft'ge Palme steigt —
Hab für euch im Tode
Still mein Haupt geneigt.

Gab für euch mein Blut
In die Welt hinaus,
Wie ein Stern nun glänz ich
Ueber eurem Haus.

Meine Wunden all,
Leid und Todesqual,
Stummertragne Schmerzen,
Gifte ohne Zahl —

Die mit bittrem Saft
Meinen Leib verzehrt, —
Und die Lust, die Freuden,
Die ich, ach! entbehrt:

Engel wurden sie,
Die mit heiligem Schwert
Sonnenaugig schweben
Ueber euerm Herd,

Die durch dunkle Flut,
Sturm und Nebelflor
Euch getreulich führen
Aus der Nacht empor,

— 110 —

Bis auf euer Haupt
Morgenfeuer fließt,
Und in eure Seelen
Freude sich ergießt ...

Weicher Rosenduft
Euer Haupt umschwebt,
Wunderbares Klingen
Euer Herz durchbebt."

Still faßt's meine Hand,
Küßt mein Angesicht,
Durch das Zimmer gleitet's
Mild wie Sternenlicht.

Durch die dunkle Nacht
Zieht empor ein Schein,
In die blauen Wolken
Flutet es hinein.

In dem Nachtgewölk
Blitzt es golden auf,
Wie ein Stern, — und träumend
Schaut mein Geist hinauf ...

Leise klingt mir's noch,
Wie ein Weihnachtsfang,
Hell von allen Thürmen
Tönt der Glocken Klang.

Durch die Lüfte jauchzt,
Durch die Lüfte zieht,
Durch die Lüfte jubelt
Laut ihr Weihnachtslied,

Tönt ihr Weihnachtsruf
Ueber Stadt und Feld,
Wie aus Engelmunden:
"Frieden aller Welt!"

Berlin.

Endlos ausbreitest du, dem grauen Ozean gleich
Den Riesenleib; in dunkler Ferne stoßen
Die Zinnen deiner Mauern ins Gewölk, und bleich
Und schattenhaft verschwimmen in der großen
Und letzten Weite deine steinigen Matten.
Weltstadt, zu Füßen mir, dich grüßt mein Geist
Zehntausend Mal; und wie ein Sperber kreist
Mein Lied wirr über dich hin, berauscht vom Rauch
Und Athem deines Mundes: Sei gegrüßt du, sei gegrüßt.

'S ist Sommermittagszeit, und leuchtende Sonnenflut
Strömt aus den Himmeln über dich; rings blitzen
Und flammen deine Mauern, und in weißer Glut
Erglühen die Dächer und der Thürme Spitzen,
Und helle Wolken Staub's, die aus den Tiefen steigen.
Gleich einem glühenden Riesenkessel liegst du, — Brand
Dein Athem, Feuer dein weitfließendes Gewand,
Starr, unbewegt, gleich wie ein Felsenmeer,
Das nackt mit weißen Rippen aus der Wüste steigt.

Erstorben scheinst du, doch du bist es nicht,
Erzittert nicht die Luft vom dumpfen Toben
Des Meeres, das in deinen Schlünden bricht
Und wühlt und brandet, wie vom Sturm durchstoben,
Und donnernd tausend Schiffe zusammenschleudert.
Wild gellt der Schrei der Schiffer Tag und Nacht
Durch Licht und Nebeldunst, und ewig tost die Schlacht
In deinen Tiefen: trümmerübersät
Von bleichen Knochen starrt ringsum dein dunkler Grund.

Schäum auf, du wilde Flut und tose an!
Die du zerreißend hinfegst und mit gier'gem Maule
Zehntausende verschlingst; e i n Schrei und dann
In dunklen Wirbeln schwemmst du alles Faule
Und Schwache tief hinab in deinen Abgrund . . .
Dich rührt kein Weinen und kein heiß Gebet,
Der Klagenden Geschrei lautlos und stumm verweht
In deiner Brandung Donnern, aber sanft
Und weich umschmeichelst zärtlich du des Starken Fuß.

Du ström in meinen Busen deinen Geist,
Gieß deine rauhe Kraft in meine Glieder, . . .
Gewaltig faßt's in meine Seele, reißt
In deiner Schlachten wirr Gedräng' mich nieder,
Wo Schwert und Lanze auf die Brust mir fahren.
Erstick die Thräne und den Klagelaut,
Der feig von meinen Lippen sonst getaut,
Den Becher trüben Weins, der nur zu lang
Die Zeit berauscht, werf ich in deine Flut.

Grämliche Weisheit, die in unsre Brust
Den Giftpfeil stößt und uns als Schuldgeborne
Ewig verdammte zeichnet, unsere Lust
Und Schaffen mordet, und gleichwie Verlorne
Verachtet macht, hier will ich ihrer lachen.
Aus deinen düstren Mauern, Weltstadt, reckt
Ein Geist sich mächtig auf und streckt
Die Hand gewaltig aus und deiner Flut
Gesang stürmt mir ins Ohr ein besser Lied.

Dich fühl' ich, Menschengeist, dein Schatten steht
Gewaltig über der Stadt lichtglühenden Mauern,
Ich fühl es, wie dein Odem mich umweht
Und mich durchrinnt gleich heiligen Liebesschauern . . .
Gewitter rollen auf, die Sinne dunkeln:
Schlachtruf durchgellt die Luft, der Himmel bricht,
Durch schwarze Wolken fährt ein feurig Licht,
Und bleiche Schatten fliehn, ein Antlitz blutbeströmt
Und dort ein anderes versinkt in Nacht.

Dich, Kraft, besing' ich, die Natur du zwingst
In deinen Dienst, und dumpfen Sinnesträumen,
Des Fleisches todtem Kerker uns entringst, —
Du Kraft, laß alle meine Adern schäumen
Von deinem warmen Blut . . . Euch alle sing' ich,
Arbeiter, Krieger, die der Menschheit Baum
Mit ihrem Schweiß und mit dem heil'gen Schaum
Des Blutes düngen . . . Singen will ich den Kampf
Mit dir Natur, Fleisch, Staub und Tod.

Die Seligen.

I.

Selig preis' ich die Liebenden,
  Selig Euch, auf deren träumende Stirn
Fällt der Liebe erster Morgenthau.

Von dem Lager steigst du empor, mein Mädchen
Rosigzart, wie die Apfelblüthe schimmert
Aus dem weißen Linnen dein junger Busen,
Und die feine sanftgerundete Schulter;
Weiß wie Elfenbein glänzen die Knöchelchen
Dir an den Fuß- und Handgelenken,
Doch im stillverwunderten Auge flimmert's
Feucht von den süßen Träumen der Frühlingsnacht.

Leise Röte glutet durch deine Glieder,
Und in heimlichen Schauern erbebst du, --
Denkst du an zwei schwärmende Jünglingsaugen?
Hörst du nicht immer noch stammelnde Liebesworte,
Schaust du ihn nicht im dampfenden Morgen
Ueber die Berge durchs Weinland kommen?

Gürte dich, wirf dein Gewand um!
Frühling ward es, weiß in den Blüten steht schon
Duftend der Kastanienbaum, am Bache
Schaukeln im Winde Gräser und Blüten,
Und die schmalen Blätter der Wasserweide . . .

Dort erwartet dich dein Geliebter,
Weit aus der blauenden Ferne grüßt er dich,
Leise tönen die Laute verwehter Liebeslieder
In dein lauschendes Ohr, o
Komm, du Geliebte!

Komm, komm, o Geliebte!
Durch die thaubeglänzten Wiesen wandelst du hin,
Ueber Blumen, Perlen und Edelgesteine . . .

Bebend und von Scham gerötet dein Antlitz
Stehst du vor ihm an den rauschenden Wassern,
Doch von blühenden Armen umfangen
Birgst du dein Haupt an seinen Schultern,
Und er trinkt den Dufthauch deiner Locken,
Fühlt deiner Glieder zitternde Glut . . .

Lächelnd hebst du dein Antlitz auf zu ihm,
Und im ersten Kusse vermählen die Lippen sich,
Einmal nur küssest du,
Doch es erfaßt dunkle Gewalt dein Herz,
Mächtig wächst es, als wollt' es zerspringen,
Ahnend fassen dich an die Schauer
Heiliger Muttergefühle.

II.

Selig seid ihr, die Schaffenden,
An der jungen Natur nährendem Mutterbusen
Ruht ihr, trinkend die heimlichen Säfte,
Speisend vom Brode der Himmelsgebornen.

Auf des Sturmes Mantel fährst du hernieder,
Mächtiger Genius, weithin
Flattert dein Haupthaar,
Doch im Frühlingswinde auch kommst du
Lächelnd, die Schläfen von Rosen umwunden.

In den Busen legst du die Sehnsucht aus,
Führst uns dampfende Wolkenbahnen
Zu des Lebens schaffenden Quellen empor,
Denen der Welten Ströme entfließen.
Wasser des Lebens! Dich trinken wir,
Schauernd rinnst du durch unsere Glieder,
Gleich wie Feuer verzehrst du uns,
Und wie Rauch wallen wir auseinander . . .

Alle Welten gehören uns,
Sonne und Sterne glänzen in unserem Busen,
Flammend rollt durch unsere Adern
Allen Lebens erhaltender Blutsstrom.
Und der Menschheit tausendfacher Jammer
Faßt das Herz uns, würgt uns mit blutigen Händen,
Doch der Menschheit tausendfache Lust
Gießt in brennende Wunden milden Balsam.

Seelen bildend und Menschen formend
Lachen des Todes dunkeler Pfeile wir,
Lachen der bitteren Not, die blühende Gärten
Sonst in trockene dürre Heide wandelt,
Lachen des Hasses unserer Verfolger.

Menschen schaffend legen wir unsren Schmerz
In die Seelen unsrer Geschaffenen,
Doch wir selber schreiten, gleichwie der Vorzeit Götter
Frei vom Schmerz auf buntem Regenbogen
Hoch über dumpf abdonnernden Wetterwolken.

III.

Selig, o du Barmherziger!
Bethlehems heiliger Palmenzweig,
Golgathas blutgeweihte Oelbaumblüten
Winden um deine weiße Stirn sich.
Schöner blüht solch ein Kranz, als duft'ge
Rosen, welche die Liebe ins Haar flicht,
Schöner als des Genius flammender Lorbeer.

Durch die Straßen der Stadt, wo schmutz'ger
Brütet die Luft, erstickt vom Dunste,
Segnend wandelst du hin, mitleidigen Herzens.
Oh, ich fühle den sanften Blick der Augen,
Und ich höre des Mundes sanfte Stimme,
Deine Seele, athmet sie nicht den Dufthauch,
Der an den Ufern des Sees Genezareth,
Quillt, an den rauschenden Wassern des Jordan?

Durch die niedere Thür in dumpfe Kammern
Kommst du, und jammernde Armen strecken
Dir entgegen; Kinder, mit hungerwilden
Augen, die längst das Weinen verlernten,
Fassen laut aufschreiend nach deinen Händen.
Und den Hungernden brichst du dein Brod,
Tränkst die Dürstenden, kleidest die Nackten,
Bettest an deiner Brust das schweißgenäßte
Brennende Haupt des Kranken, unbekümmert
Um den gift'gen Hauch des Todgeweihten.

Die Gefallenen hebst du vom Staube empor,
Zündest an die auserloschenen Fackeln,
Zündest an das glänzende Licht der Menschheit
In den Kellerschenken und dunklen Kerkern.

Durch das dumpfe Gewühl, den Dunst der Erde
Wandelst du hin, sanftlächelnden Mundes, —
Wird auch dir ein Golgatha?
Schau ich in trübem mattem Abendlicht
Düster in die Luft seine blutigen Arme
Strecken das Kreuz, seh ich schauernd dein
Brechendes Aug', wundenbedeckt deinen Leib?

Doch du lächelst . . .
Rauschen hörst du die Palmen des Paradieses,
Und die Düfte vom Lande der Seligen
Wallen herüber auf goldenen Lüften . . .

Ueber des Todes Flammen, über der Hölle
Feuer siegt deine Liebe; und nimmer verhüllt
Aller irdischen Leiden bittere Nacht
Deines Herzens leuchtende Sonnengluten,
Ewig grünt in deinem Busen das Glück . . .

Zur Sonne empor.

Aus den feuergoldnen Himmeln
Geht ein Sonnenlichtstrom nieder,
Und ein Feuermantel wallt
Um der Felsen nackte Glieder.
Fels und Thal braust dumpf von Wassern,
Und im grünen lichtumwehten
Laub der Eichen tönt es mächtig
Wie von jauchzenden Gebeten.

Ringsum dampfen Opferschaalen,
Süßer Rauch quillt in die Lüfte,
Aus den Steinen, Baum und Strauch
Steigen auf die Sommerdüfte.
Trunken schaun empor die Blüten
In des Waldes duft'gen Zelten
Zu der Siegesfürstin Sonne,
Zu der Herrin aller Welten.

In die blauen Wolkenwasser
Steigt ein Aar auf starken Schwingen,
Gleich als wollt er sehnsuchtsvoll
In das Herz der Sonne dringen.
Tausend Sonnenstrahlen weben
Leuchtend sich um seine Flügel,
Von ihm strömen Sonnenfluten
Ueber Thal und Felsenhügel.

Schauer rinnt durch meine Glieder,
Sonne bricht in meine Seele,
Ringe dich empor, mein Herz,
Aus dem Duft und aus der Schwele.
Tragt, beflügelte Gedanken,
Mich zu jenen Wolkenzelten,
Zu dir, Siegesfürstin Sonne,
Große Herrin aller Welten!

Auf der Höhe.

Aehrenblond und mit blitzenden Augen
     Wandelt der Sommer durch Haide und Hag.
Ueber die dunkelgrünenden Höhen
Regnet in sonnigen Gluten der Tag.
Tausend Hoffnungen ahnt noch die Erde
Denen ihr warmer Busen schwillt,
Ob schon rings durch alle die Lüfte
Schwärmend der Duft der Blüten quillt.

Ueber unseren Häuptern schimmert
Goldig des Sommertages Glut,
Qualm dringt auf aus tiefem Thale,
Durch den Rauch quillt es wie Blut.
Tief zu Füßen dehnt und weitet
Ihre steinerne Schuppenbrust,
Reckt die Stadt die schweren Glieder
Kohlenstaubig und schwarzberußt.

Wie ein ewiges Nachtgewitter
Liegt schwarzdunstig unten das Thal.
Donner rollen dumpf herüber
Von dem prasselnden Eisen und Stahl.
Düst're Wolkenmassen schwelen
Dort herauf von Qualm und Dunst,
Und in roten Blitzen lodert
Quer hindurch die Flammenbrunst.

Tausend Schlote mit schwarzen Munden
Speien umher den giftigen Qualm:
Fällt auf die todeskranken Rosen,
Rieselt dunstig auf Gras und Halm,
Schwallt mit grimmverzerrten Gesichtern,
Wühlt sich aus dem Thal hervor,
Schüttelt wild die schmutzigen Fäuste
Zu den funkelnden Höhen empor.

Hier auf der Höhe, über den Thalen
Ruh' im blumendurchleuchteten Gras,
Schön, wie das Auge seiner Geliebten
Blinkt der Wein im kühlen Glas.
Einmal noch schau ich die tief in's Antlitz
Von dem Gedanken der Trennung durchbebt,
Daß mein Bild durch alle Zeiten
Still in deinem Auge schwebt.
Wein her! In die blanken Römer
Zischelt die sonnengeborene Flut,
Laß die schwärmende Seele durchlenchten
Rosig von dieser Sommerglut;
Laß uns lächelnd herniedergießen
In die Thäle den duftenden Wein,
Überrieseln die leuchtenden Tropfen,
Rosenblüten und Vögelein.

Heilige Sonne, aus feurigen Schalen
Gieß in unsere Seelen dein Licht,
Laß in vielen Zungen sprechen
Ewig dein Frühlingsangesicht.
Wenn du lächelnd die Stirn umwindest
Mir mit duftendem Korbeerstrauß,
Wandelt auf immergrünen Höhen
Selig mein Herzens ein Götterspross.

Wenn du mit gehöhlten Händen
Führst auf goldenen Straßen empor,
Schwebst mit unberührter Seele
Über der Thale rauschigem Flor;
Und zum Licht berührst seine Seele,
Die du geboren mit heimlicher Luft,
Führ' uns, daß wir lächelnd verathmen,
Genius, an deiner Brust.

— 119 —